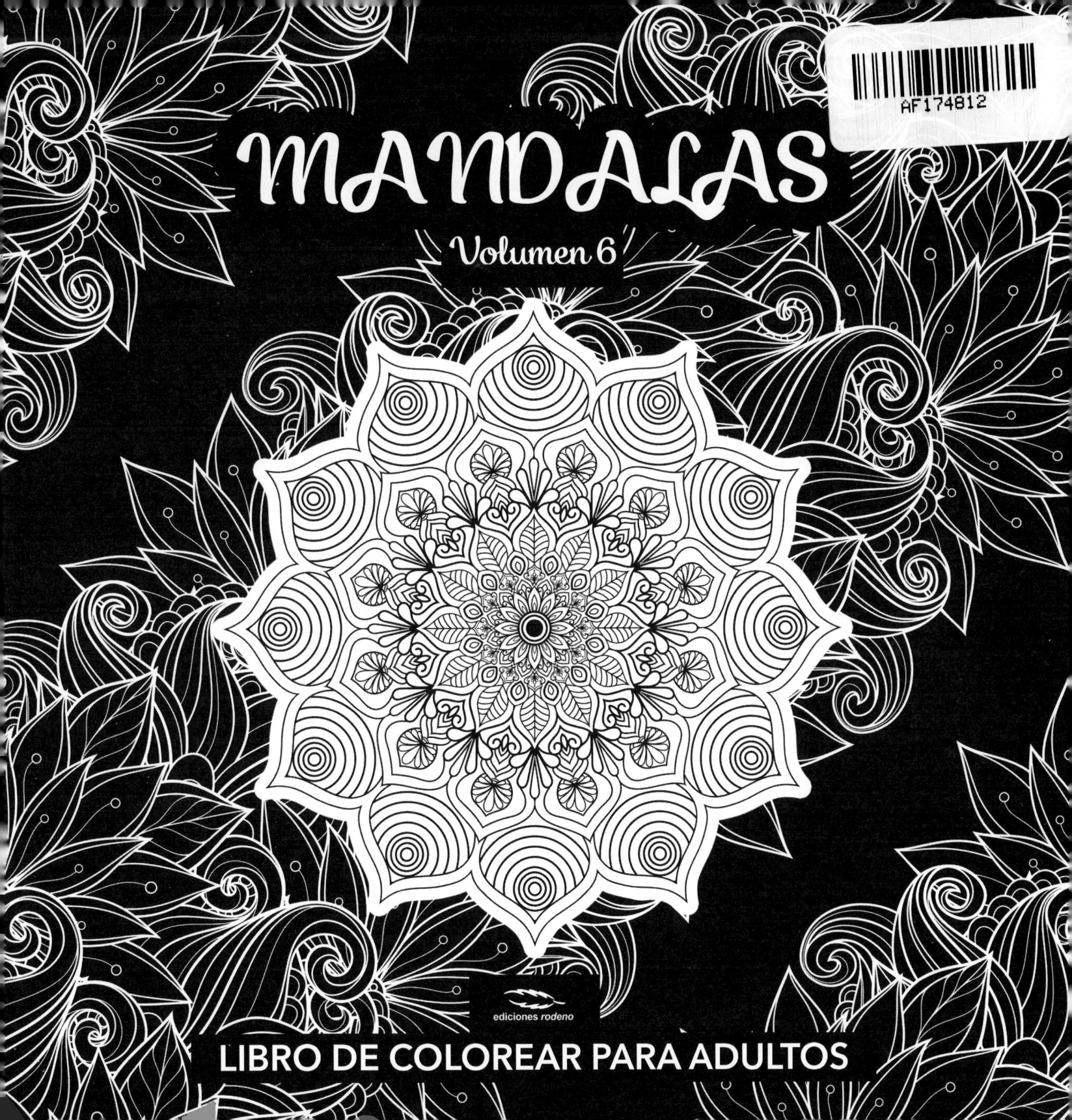

MANDALAS

Volumen 6

ediciones *rodeno*

LIBRO DE COLOREAR PARA ADULTOS

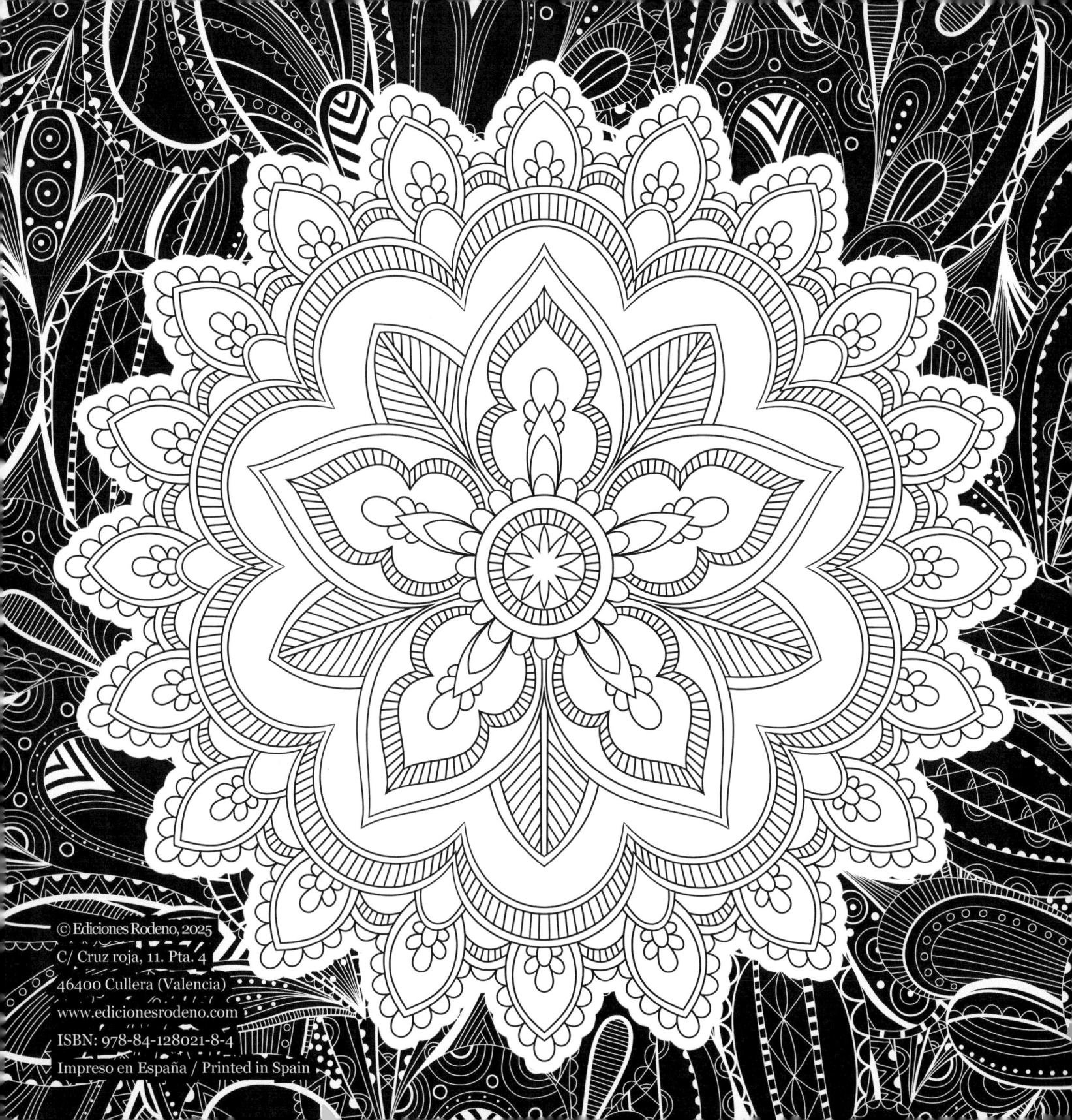

© Ediciones Rodeno, 2025
C/ Cruz roja, 11. Pta. 4
46400 Cullera (Valencia)
www.edicionesrodeno.com
ISBN: 978-84-128021-8-4
Impreso en España / Printed in Spain

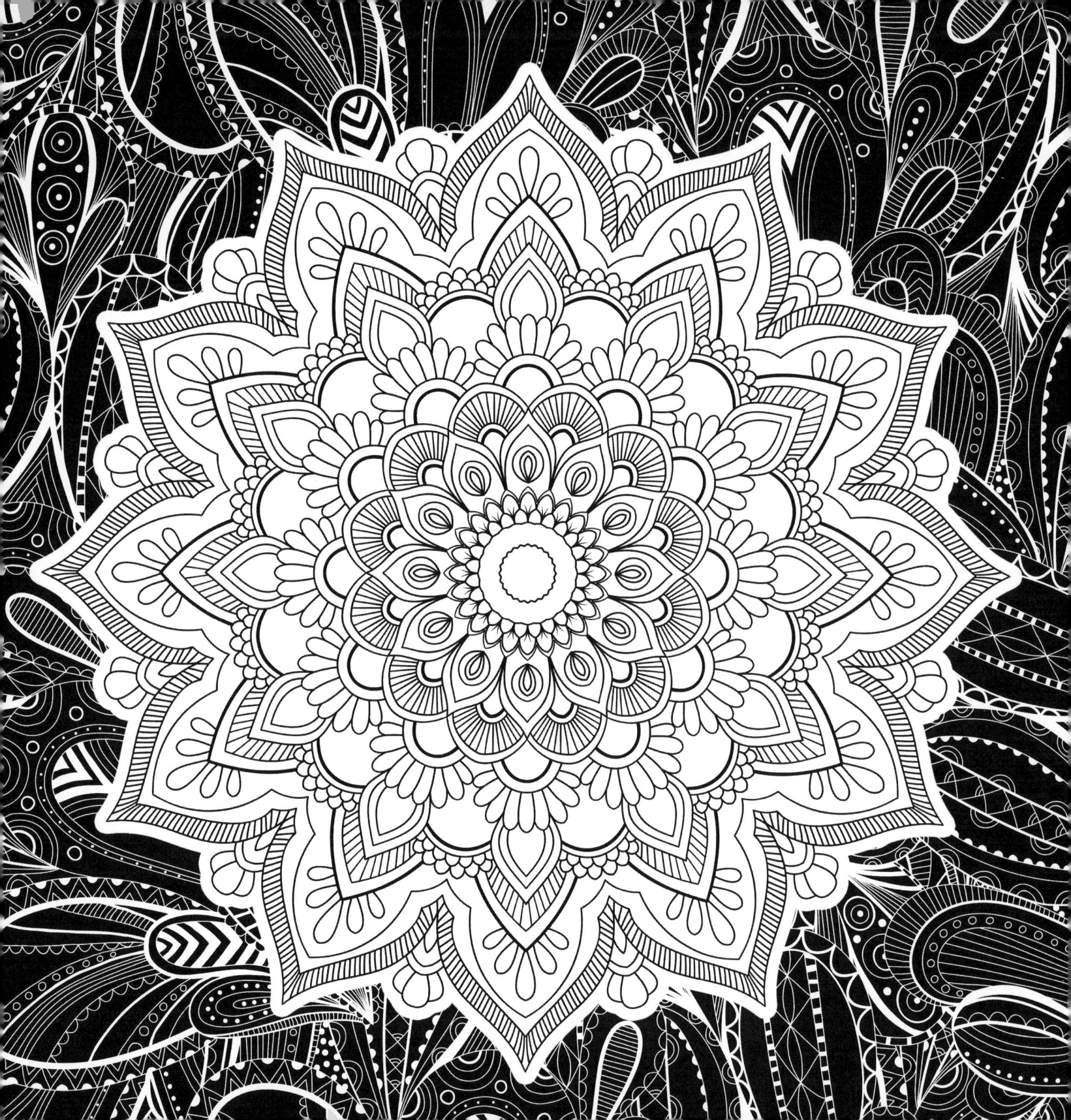

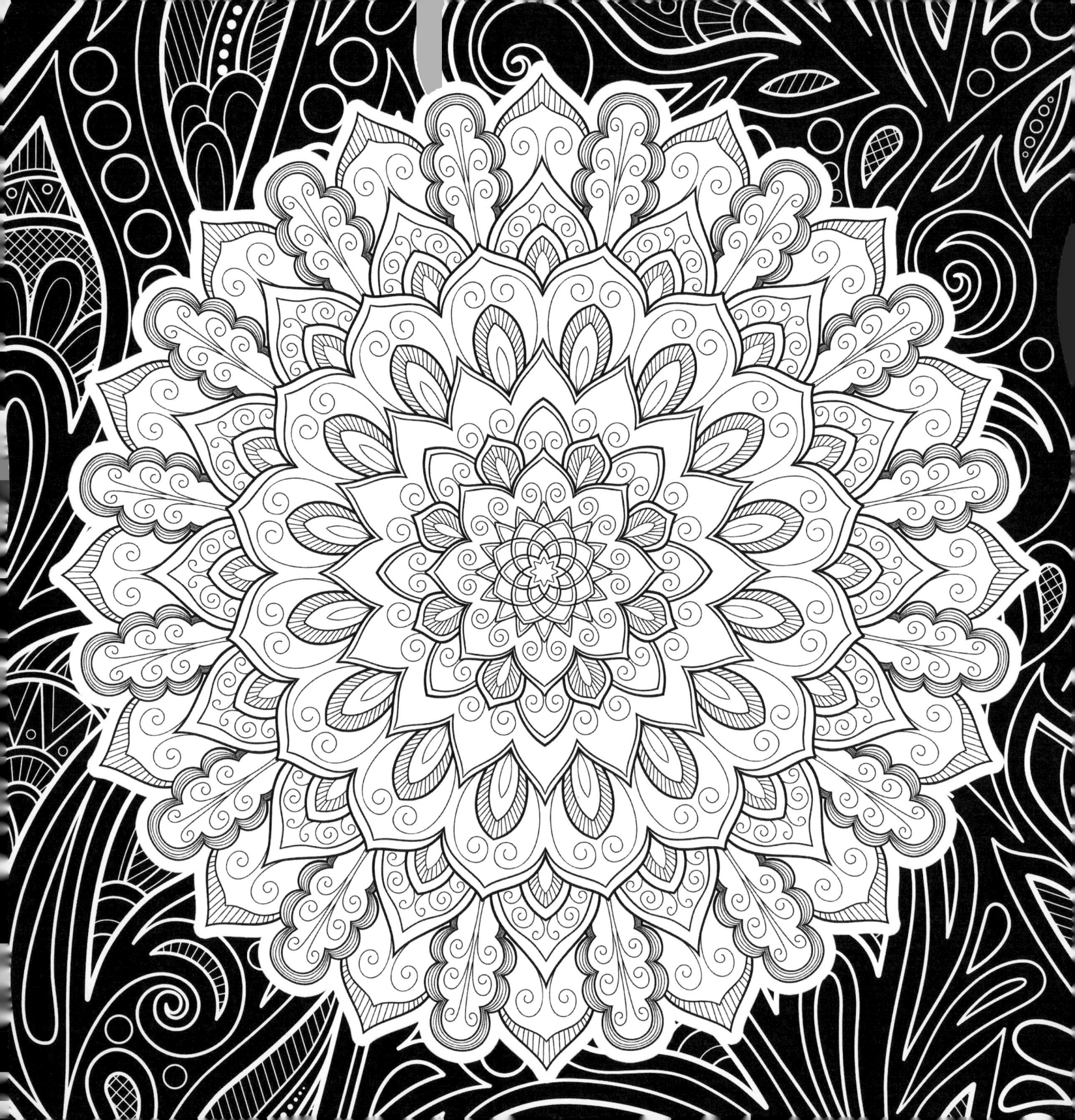

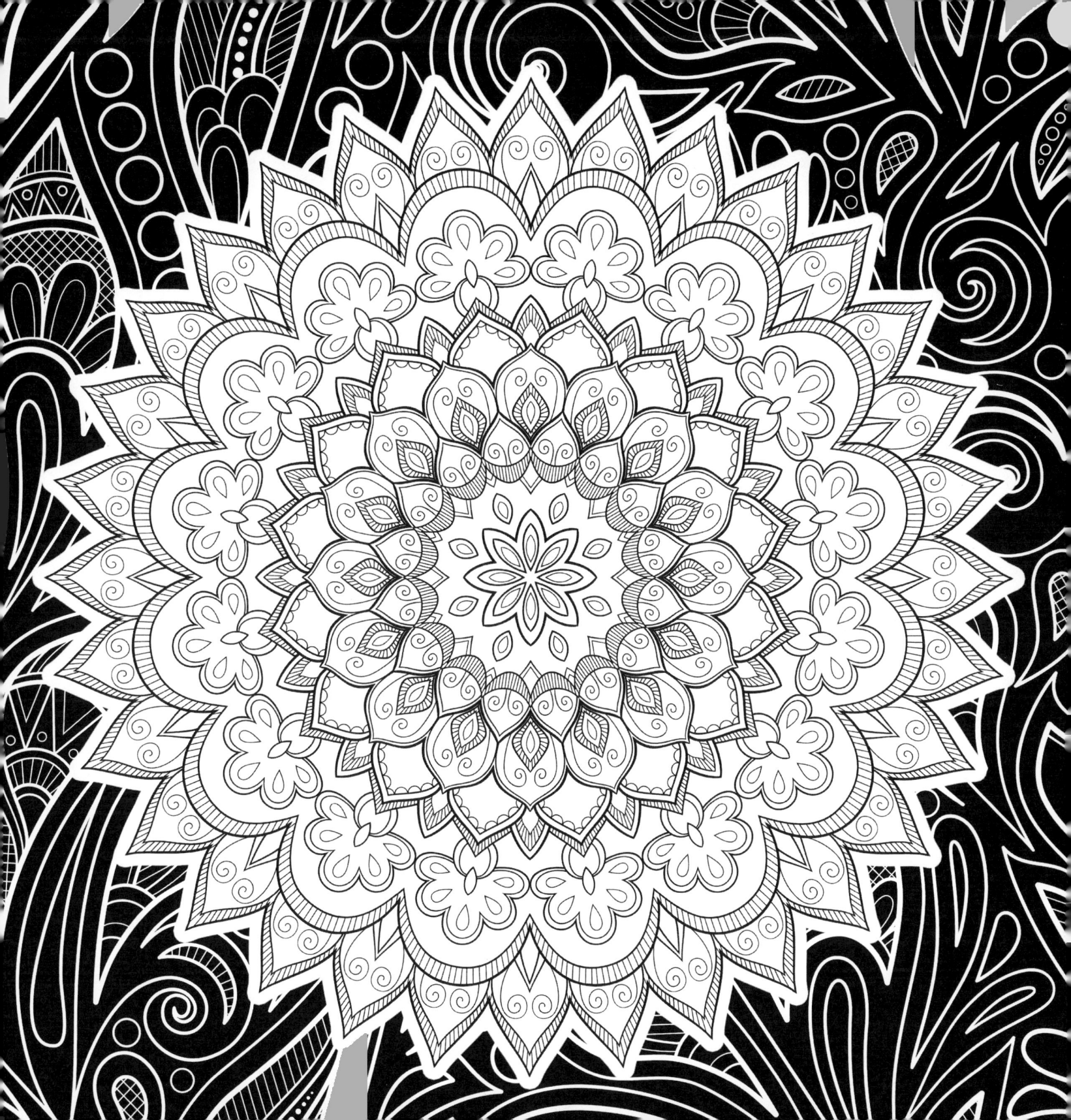

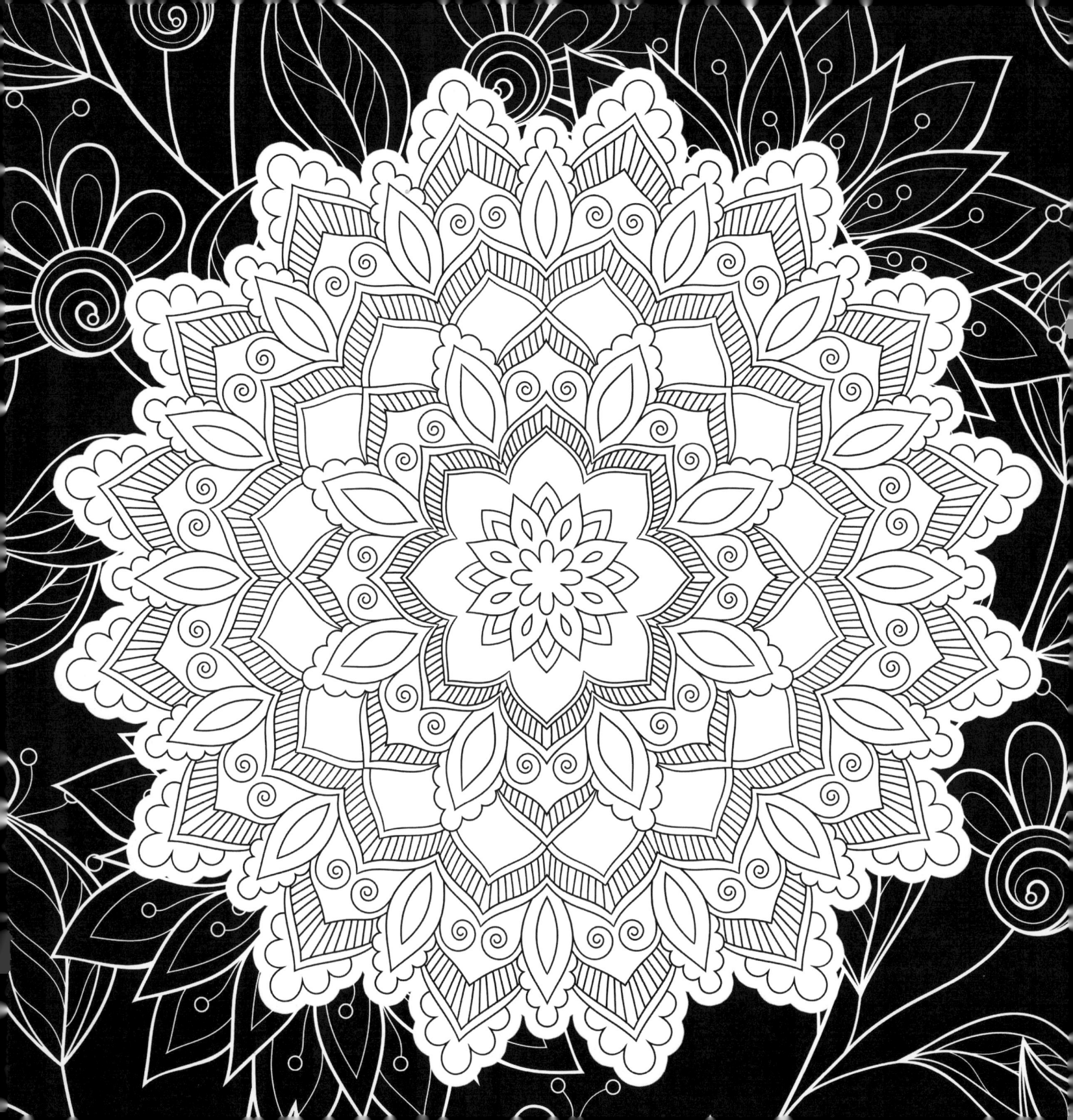

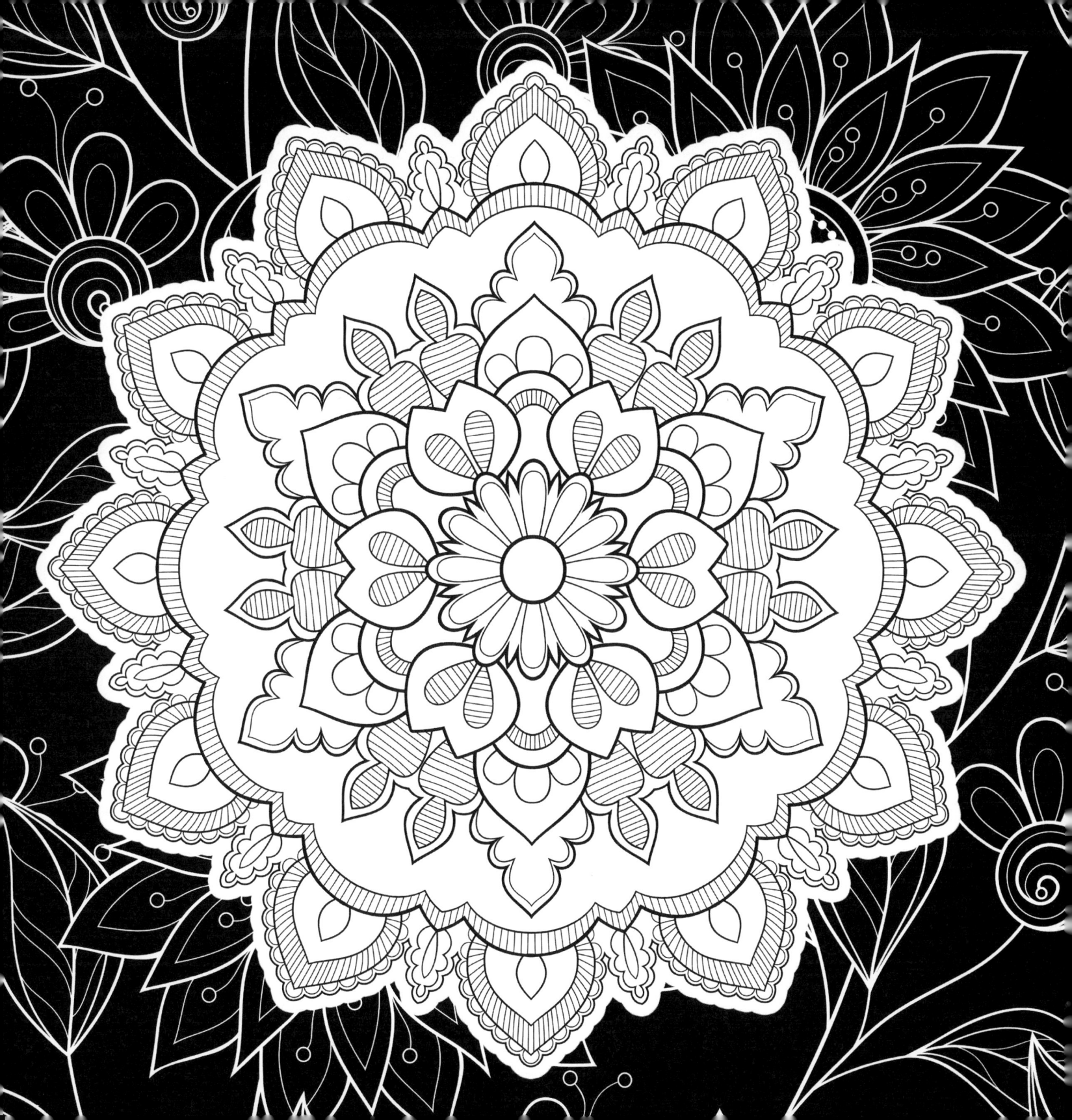

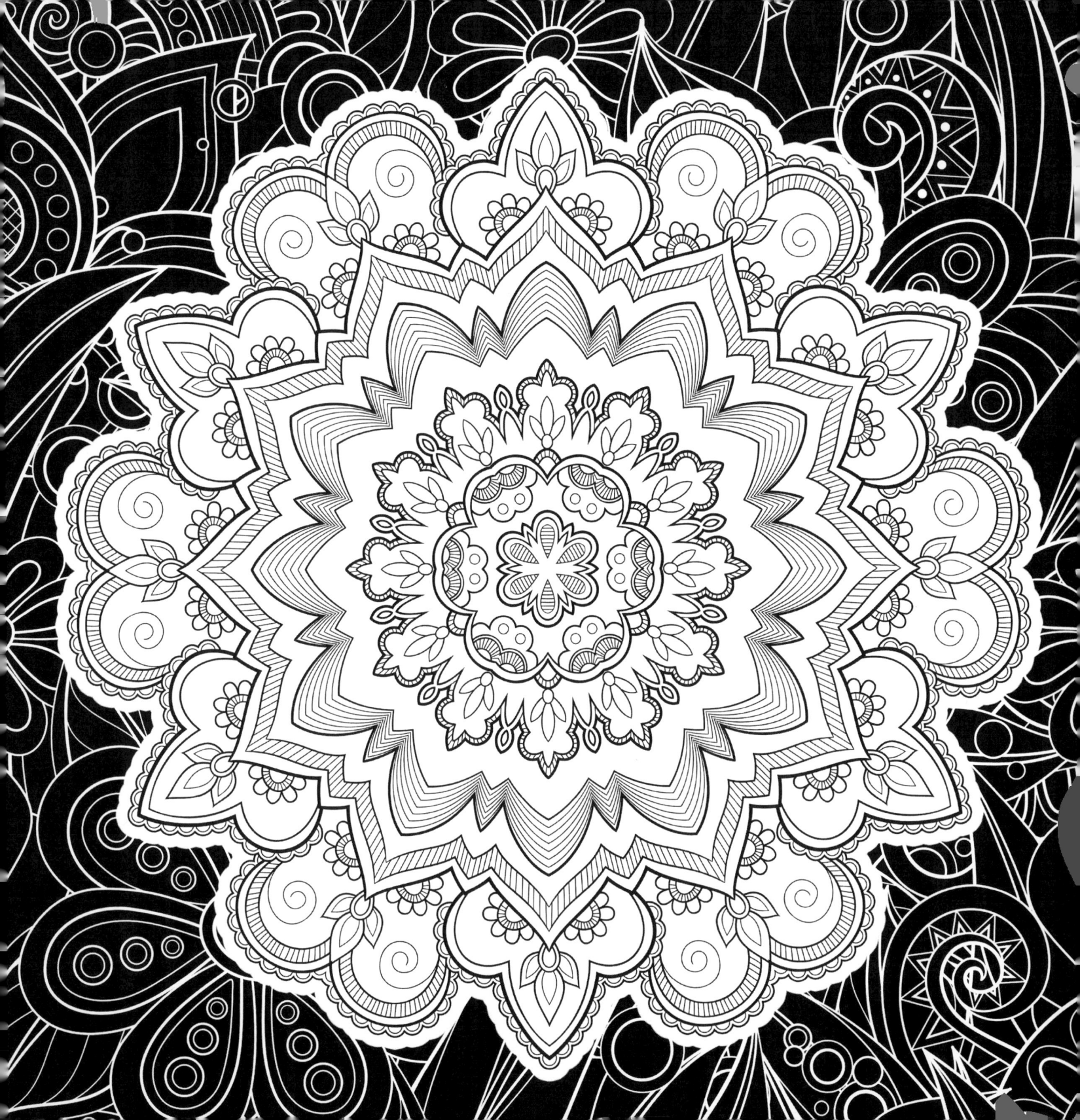

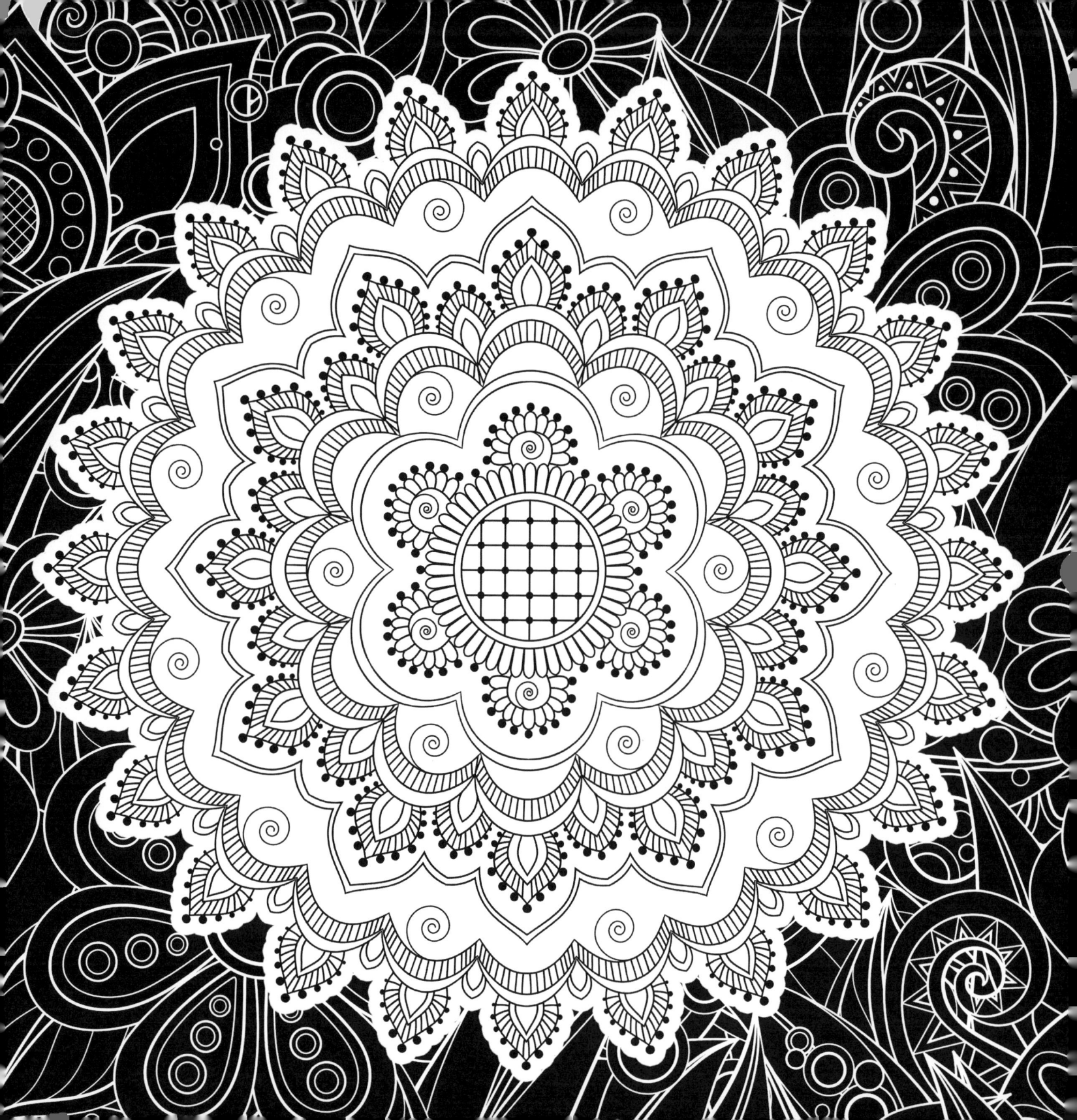

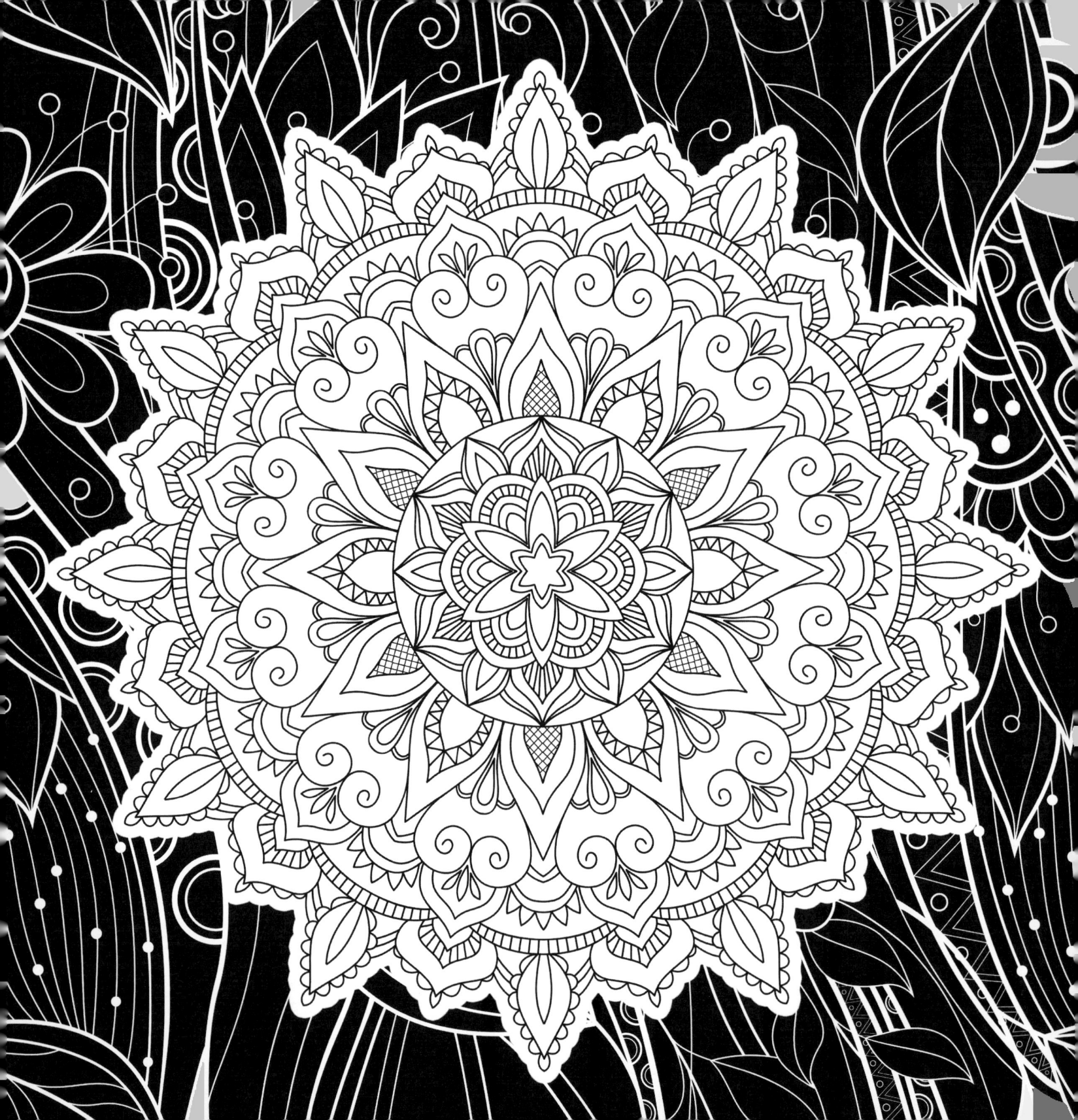

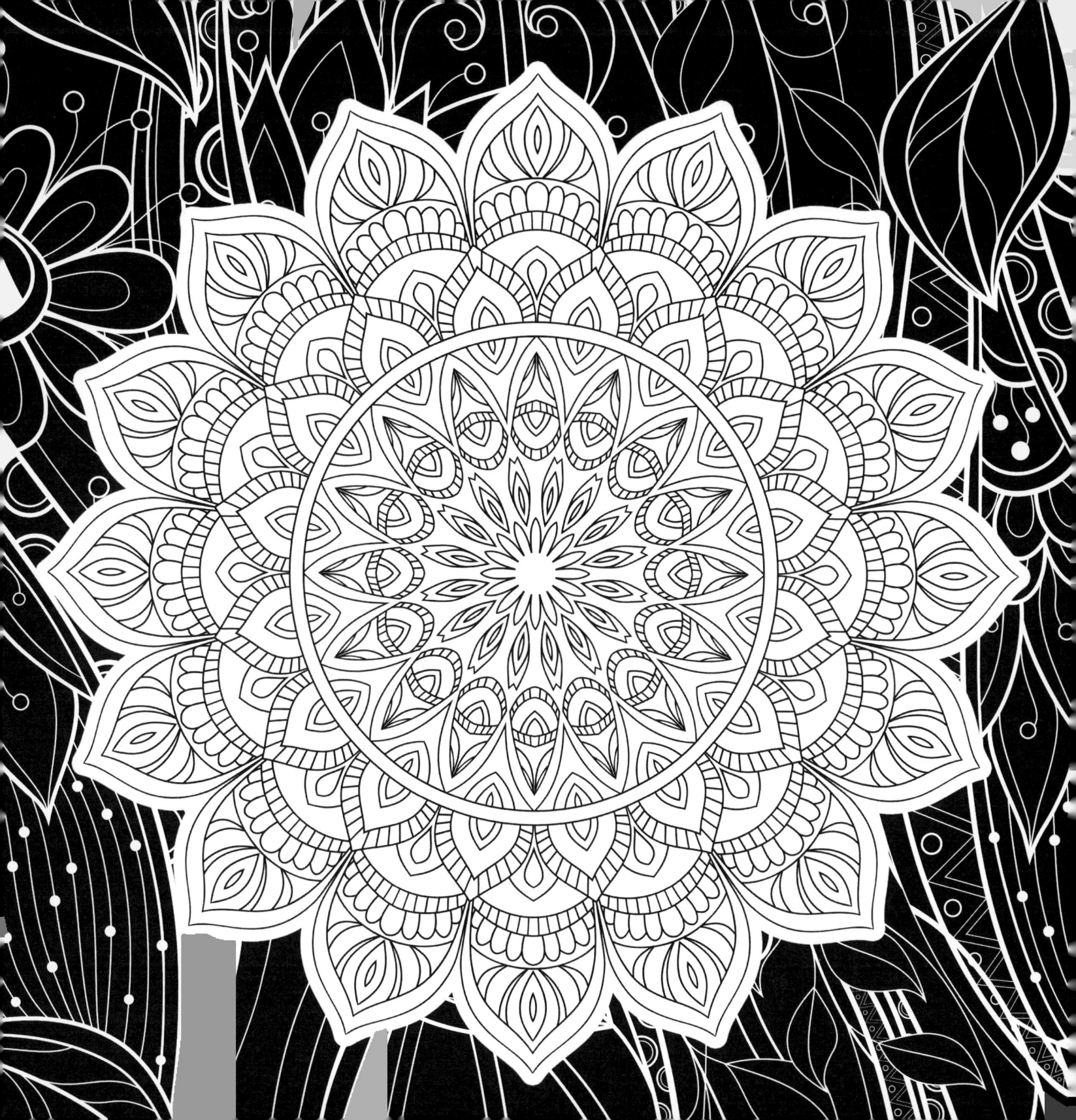

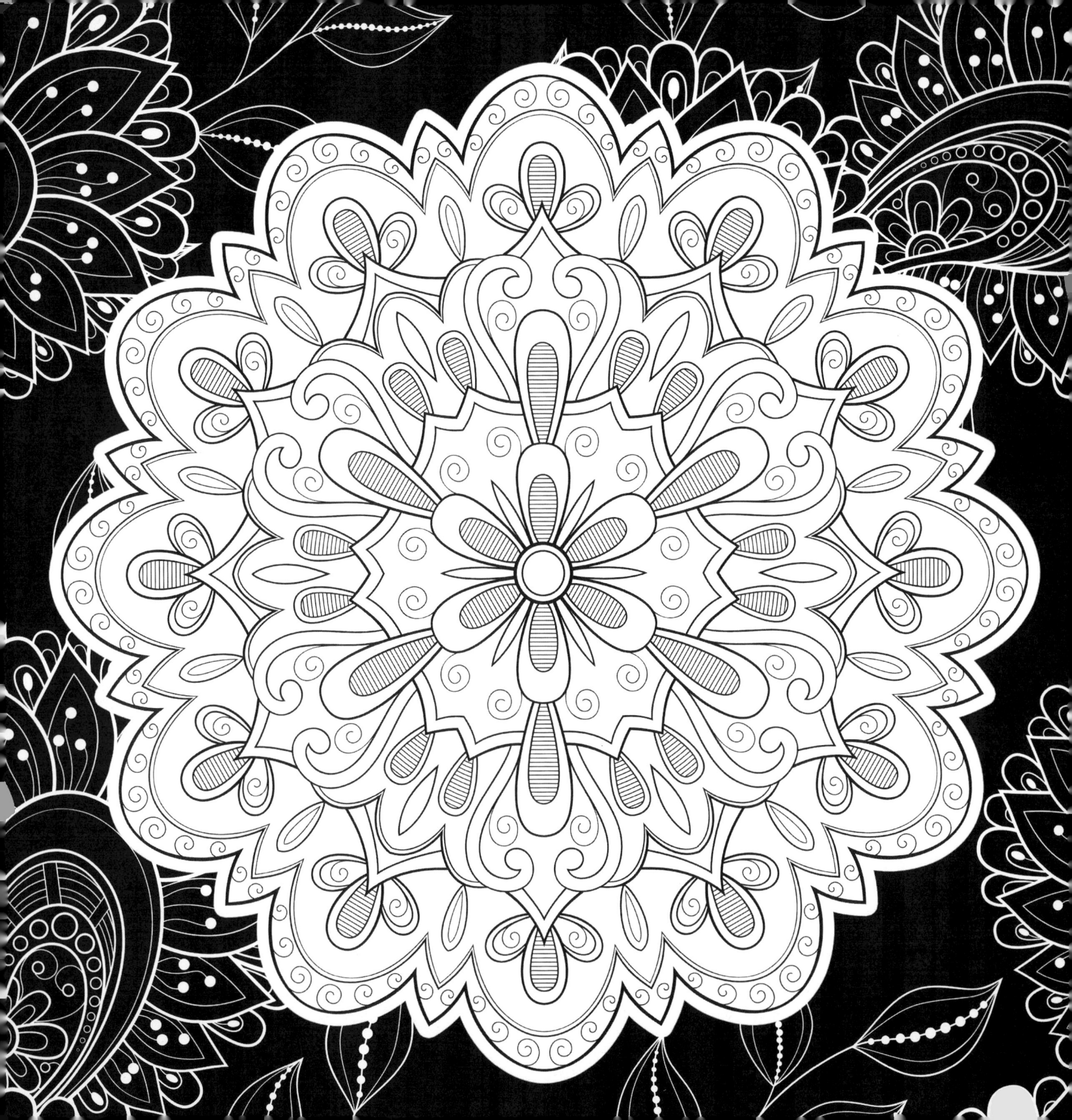

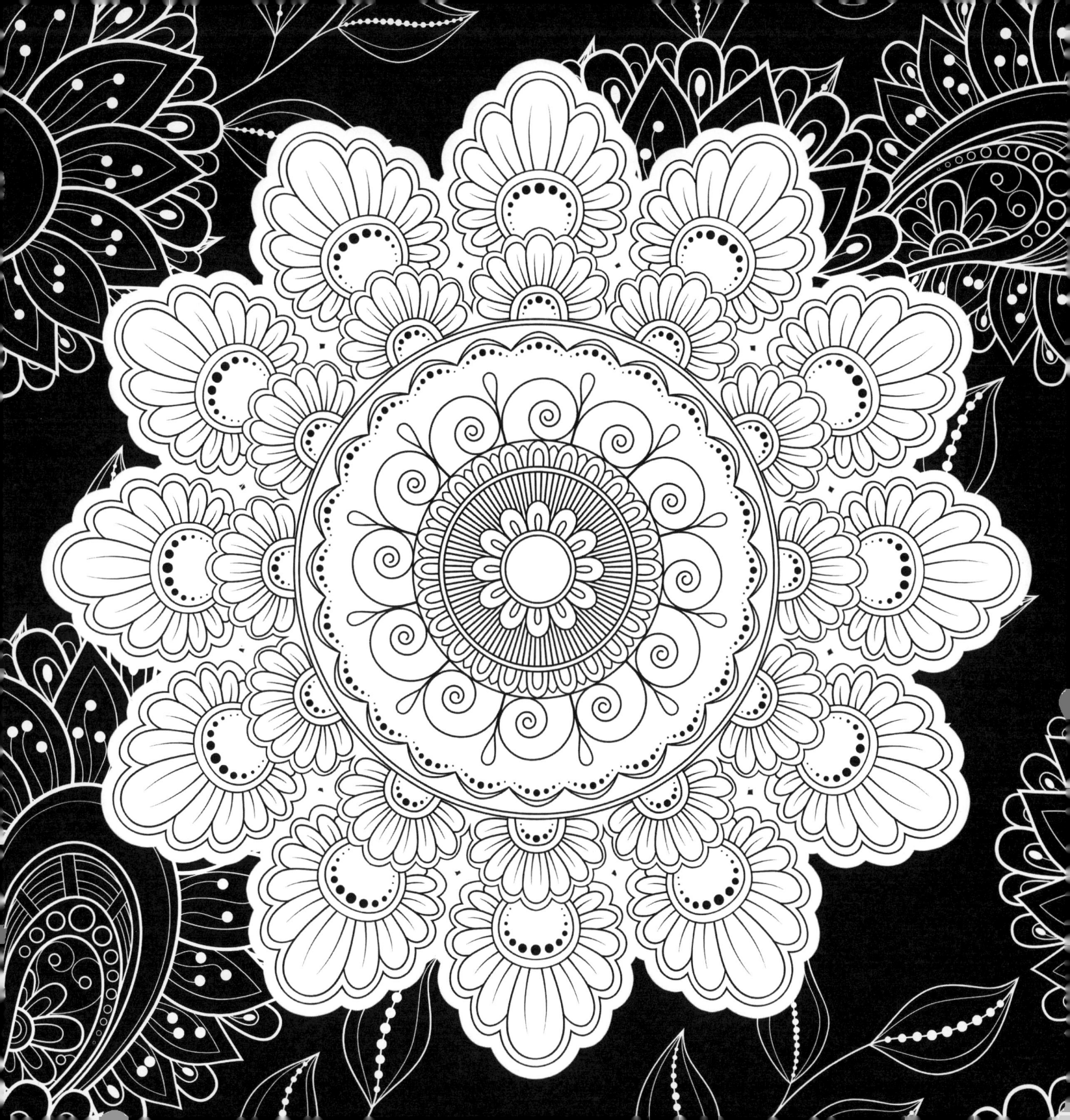

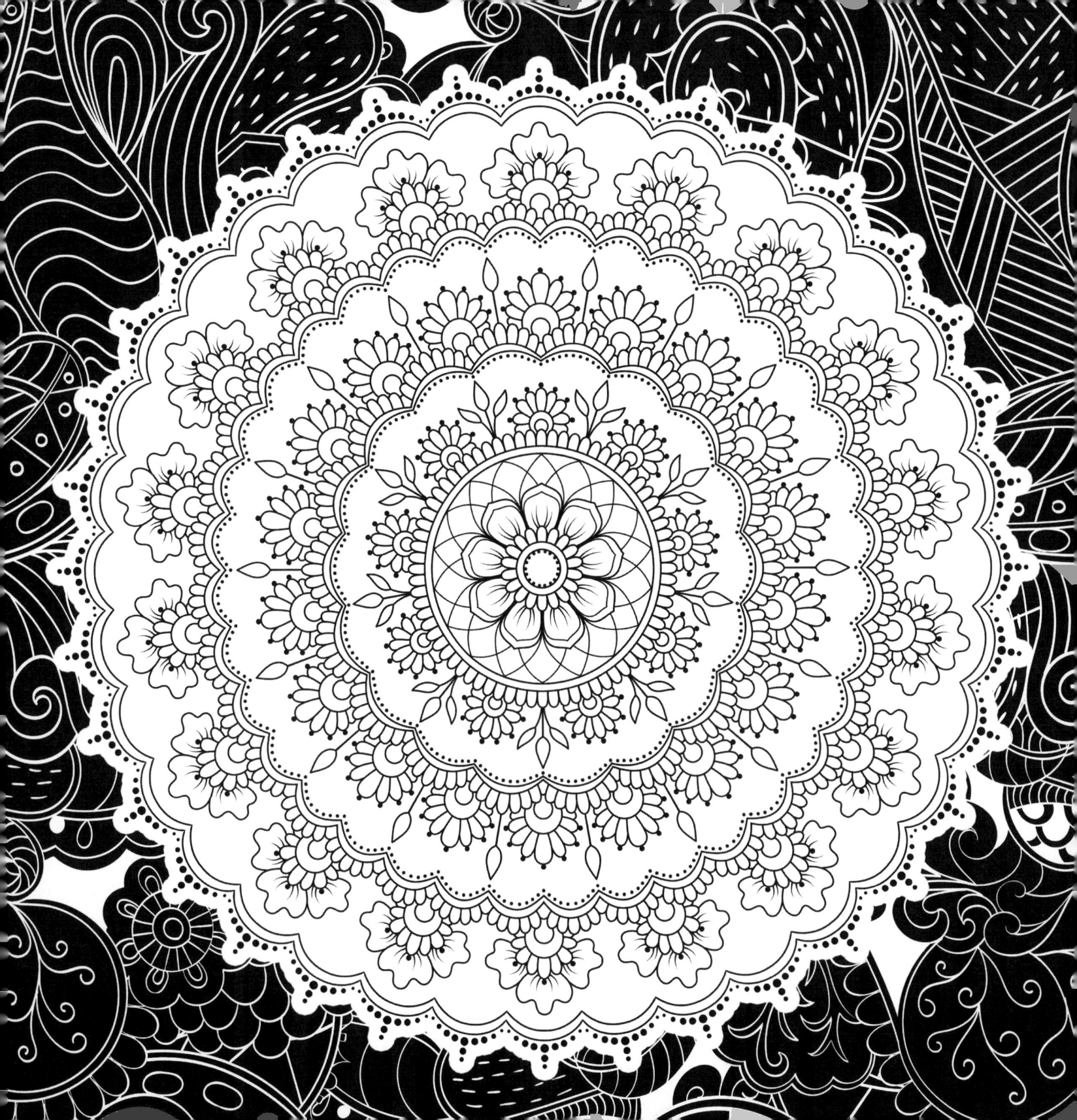

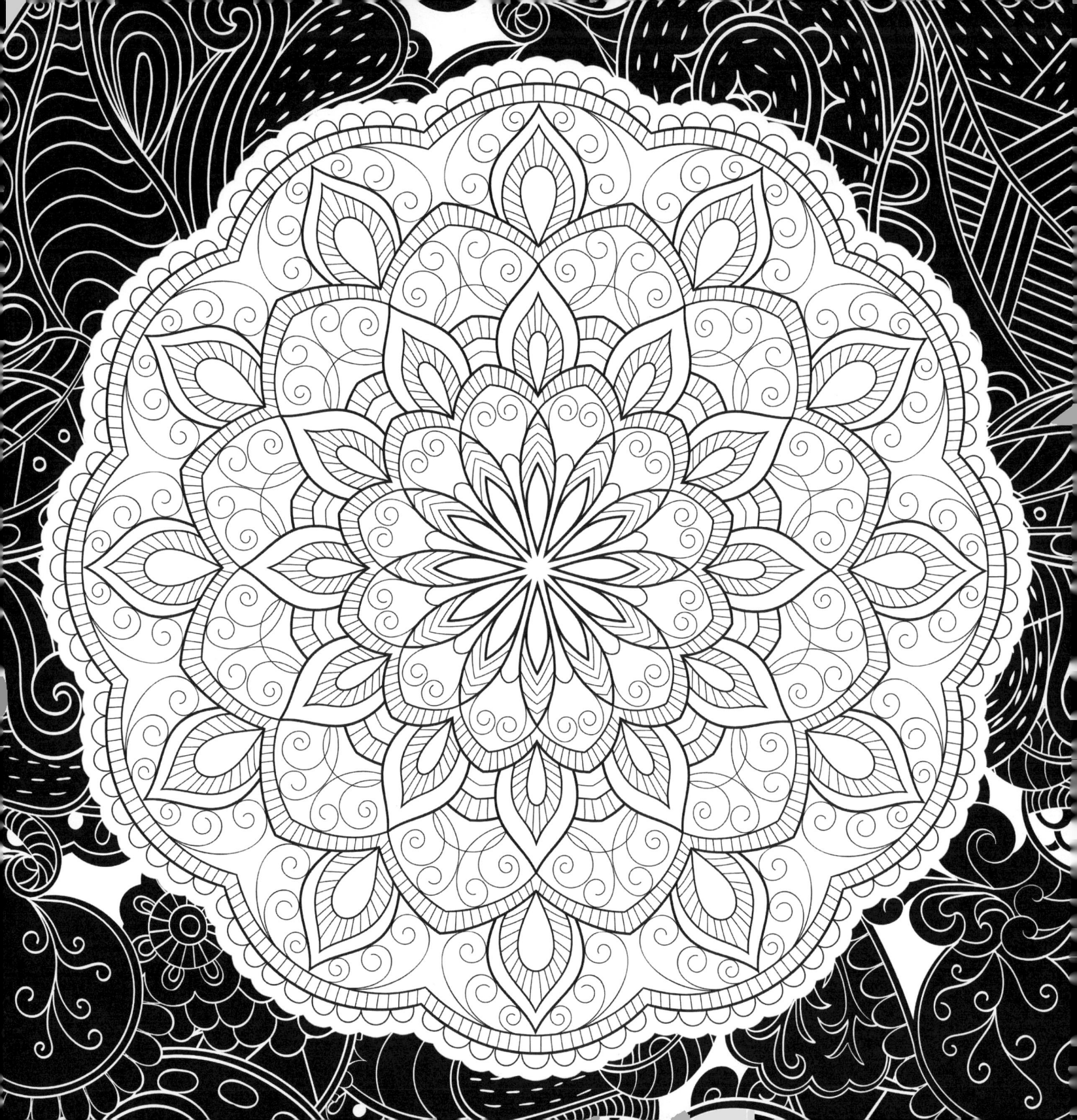

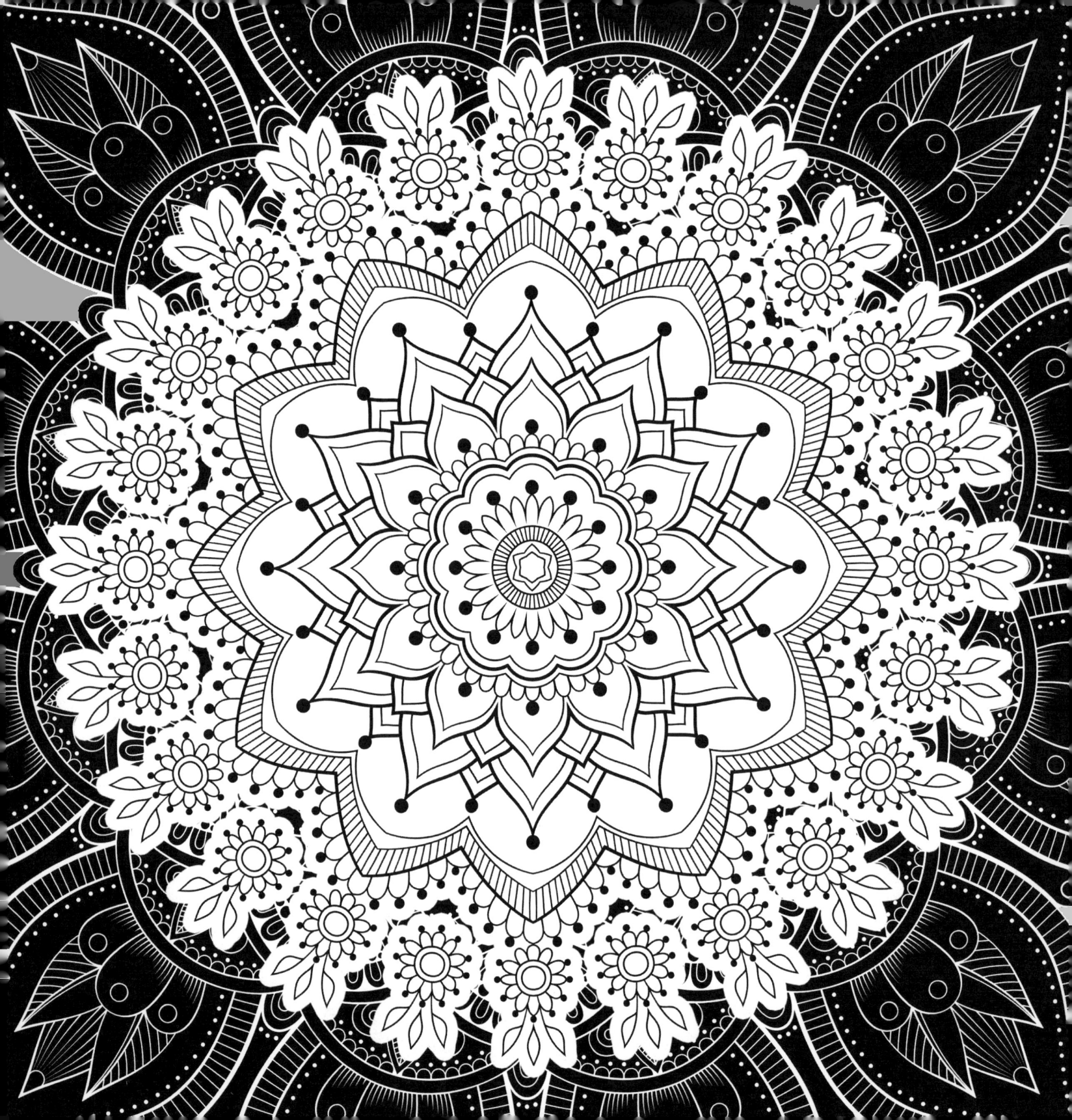

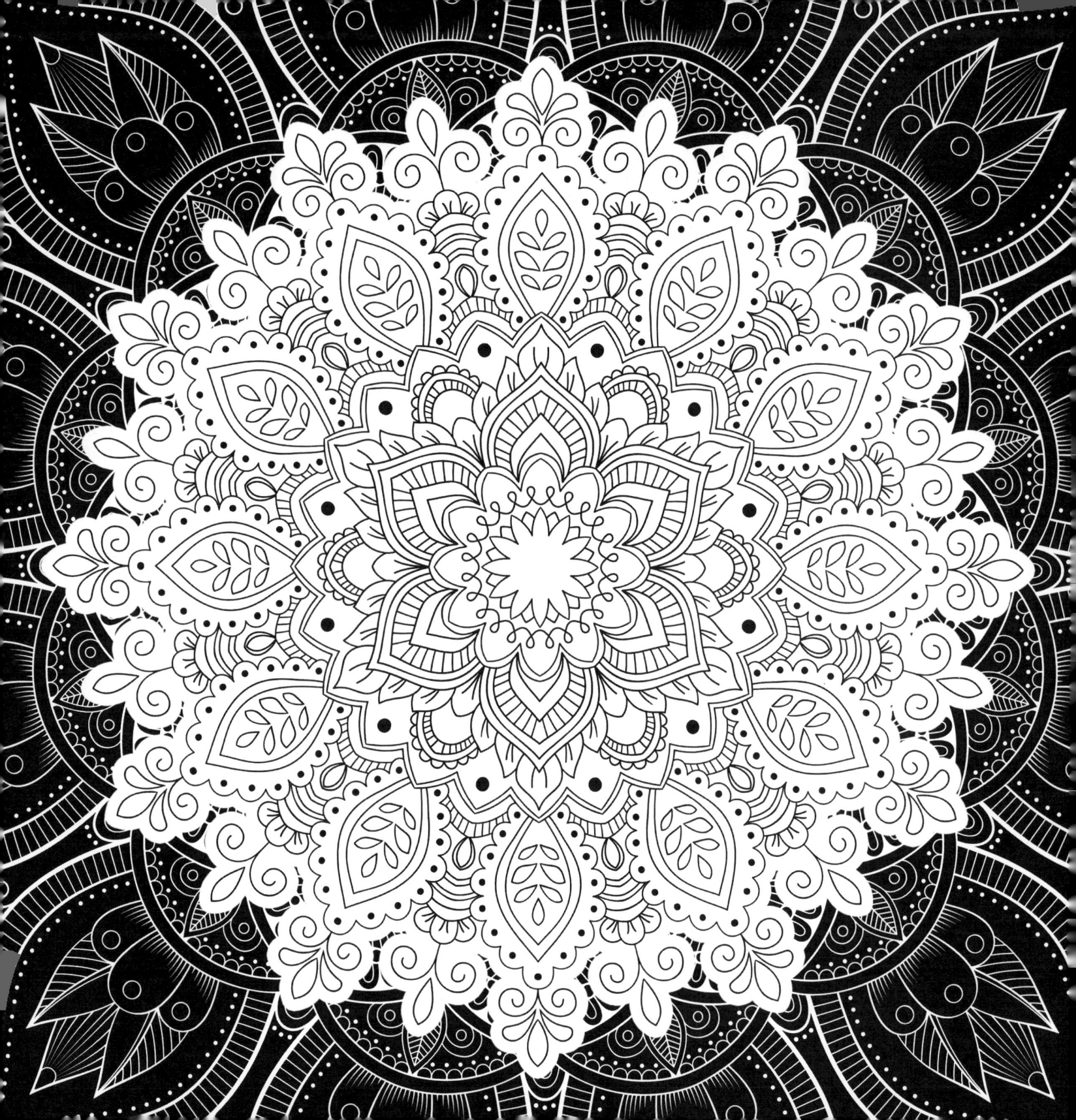

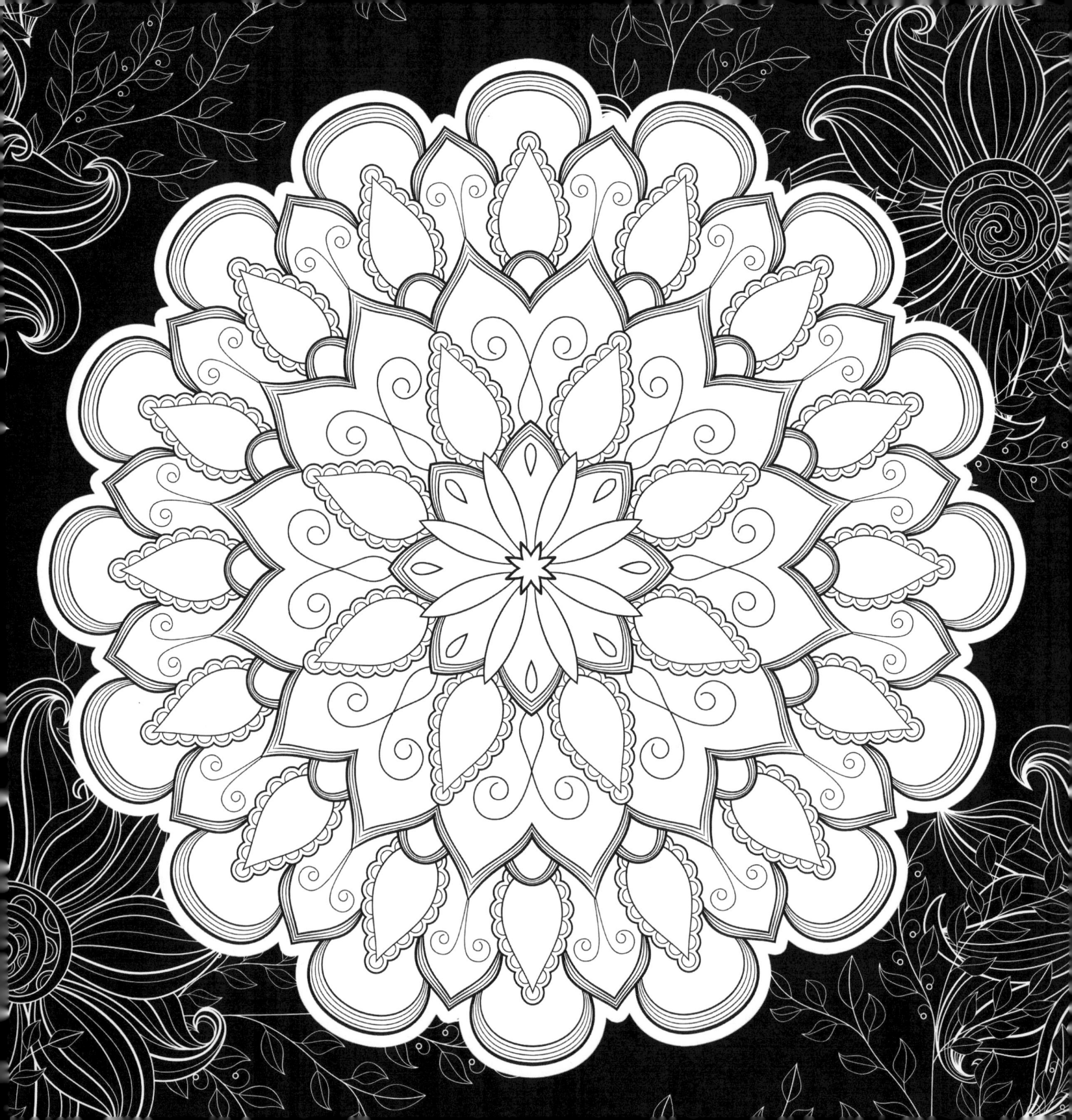

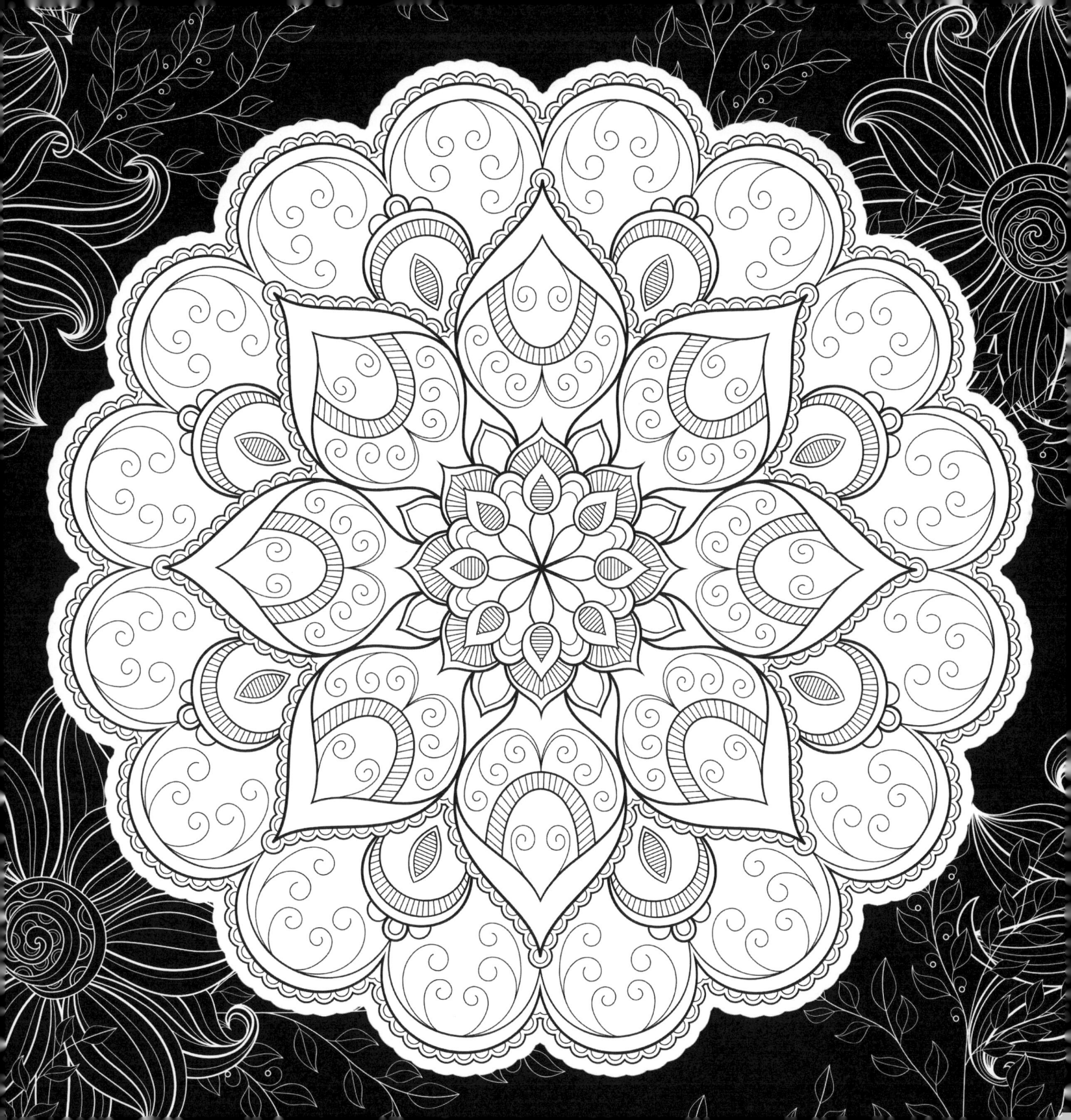

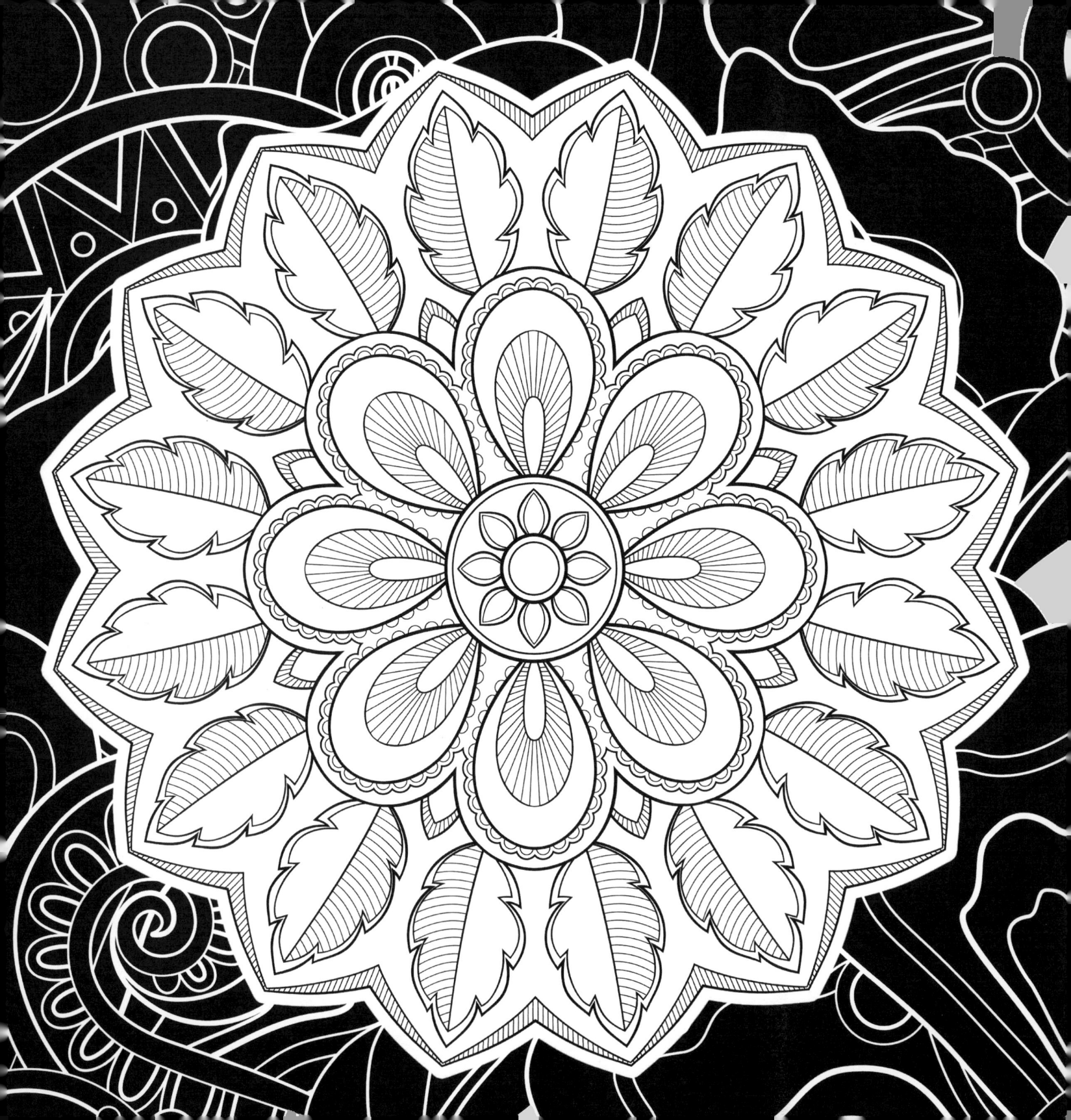

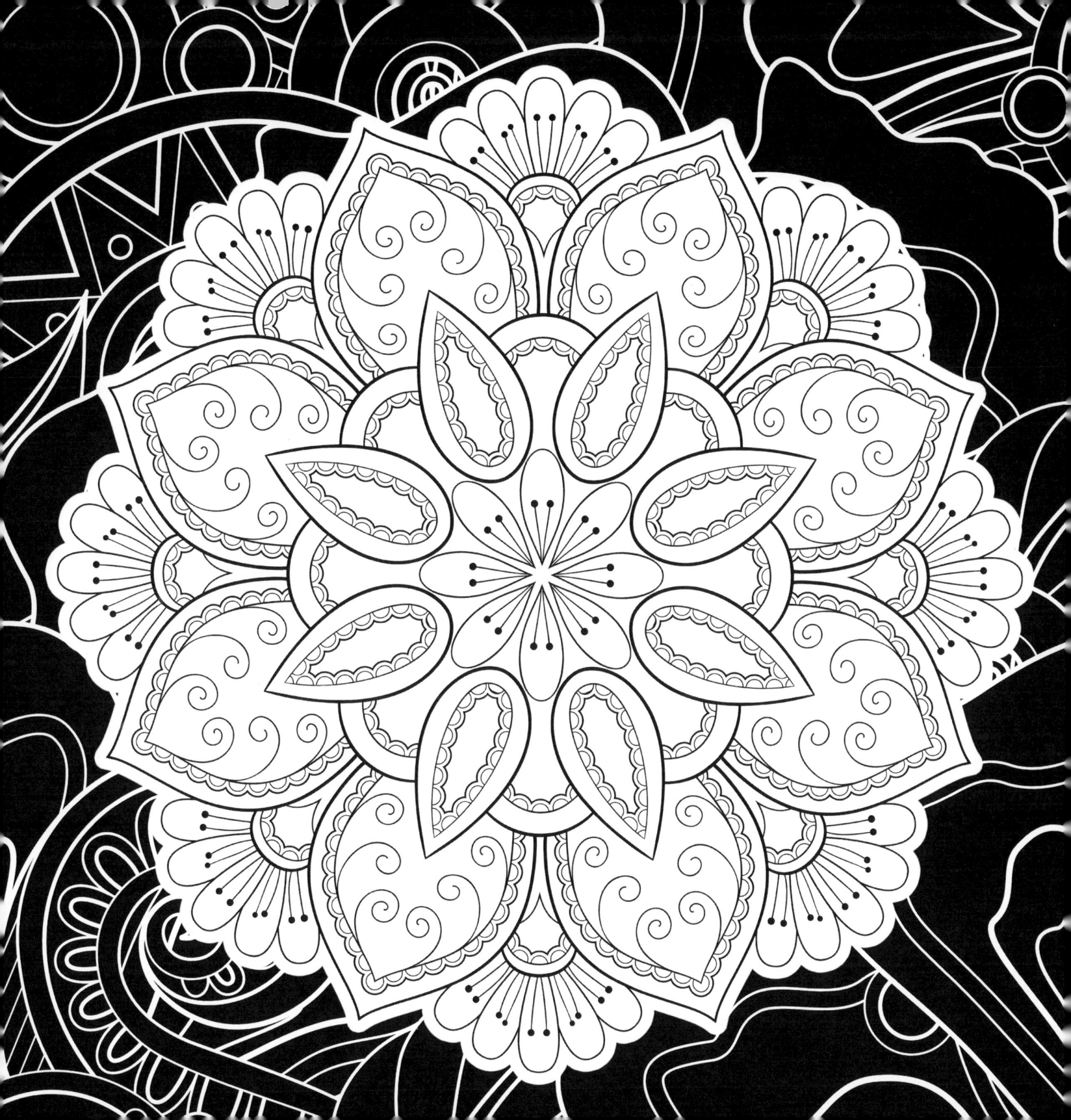

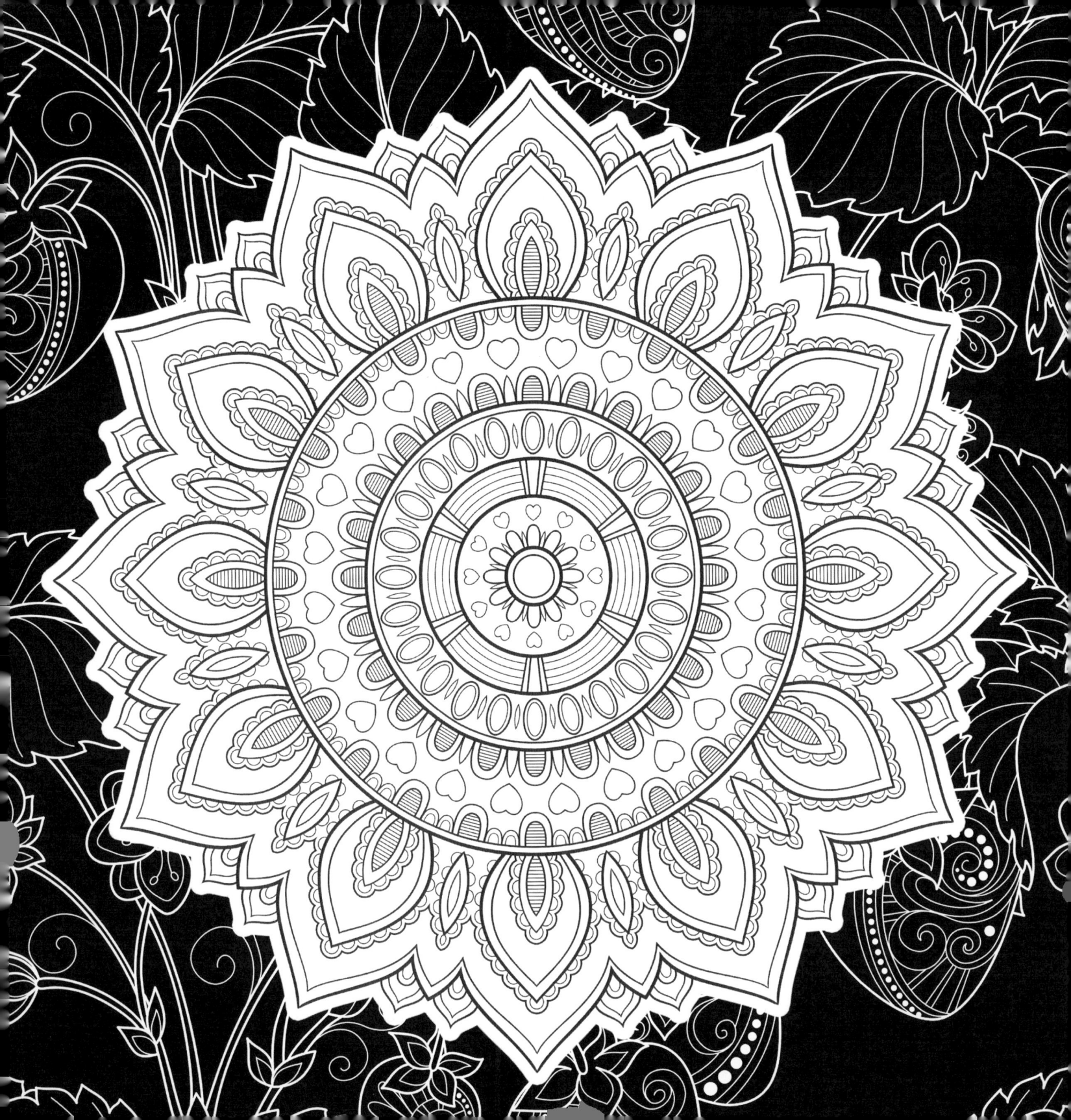

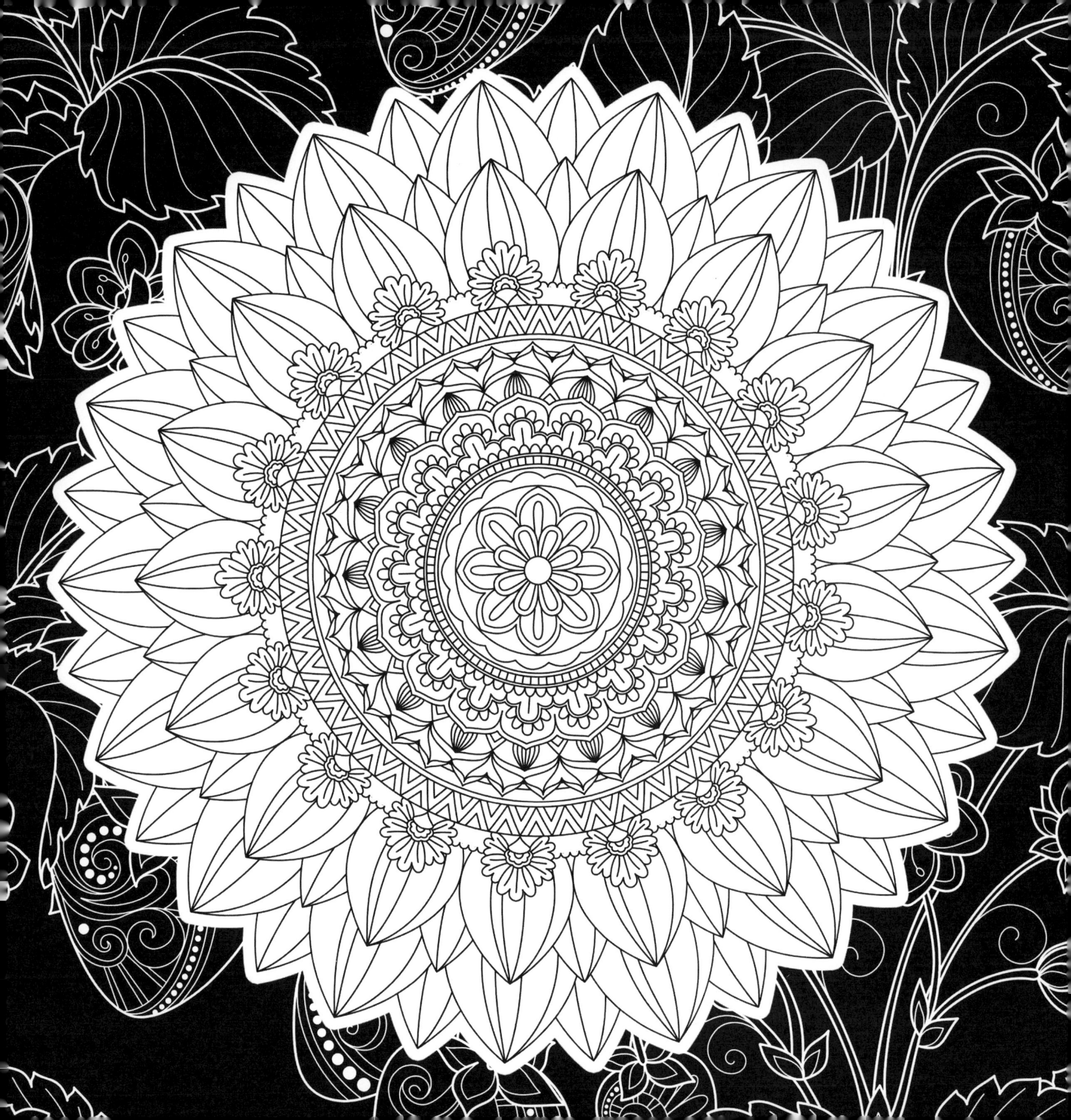

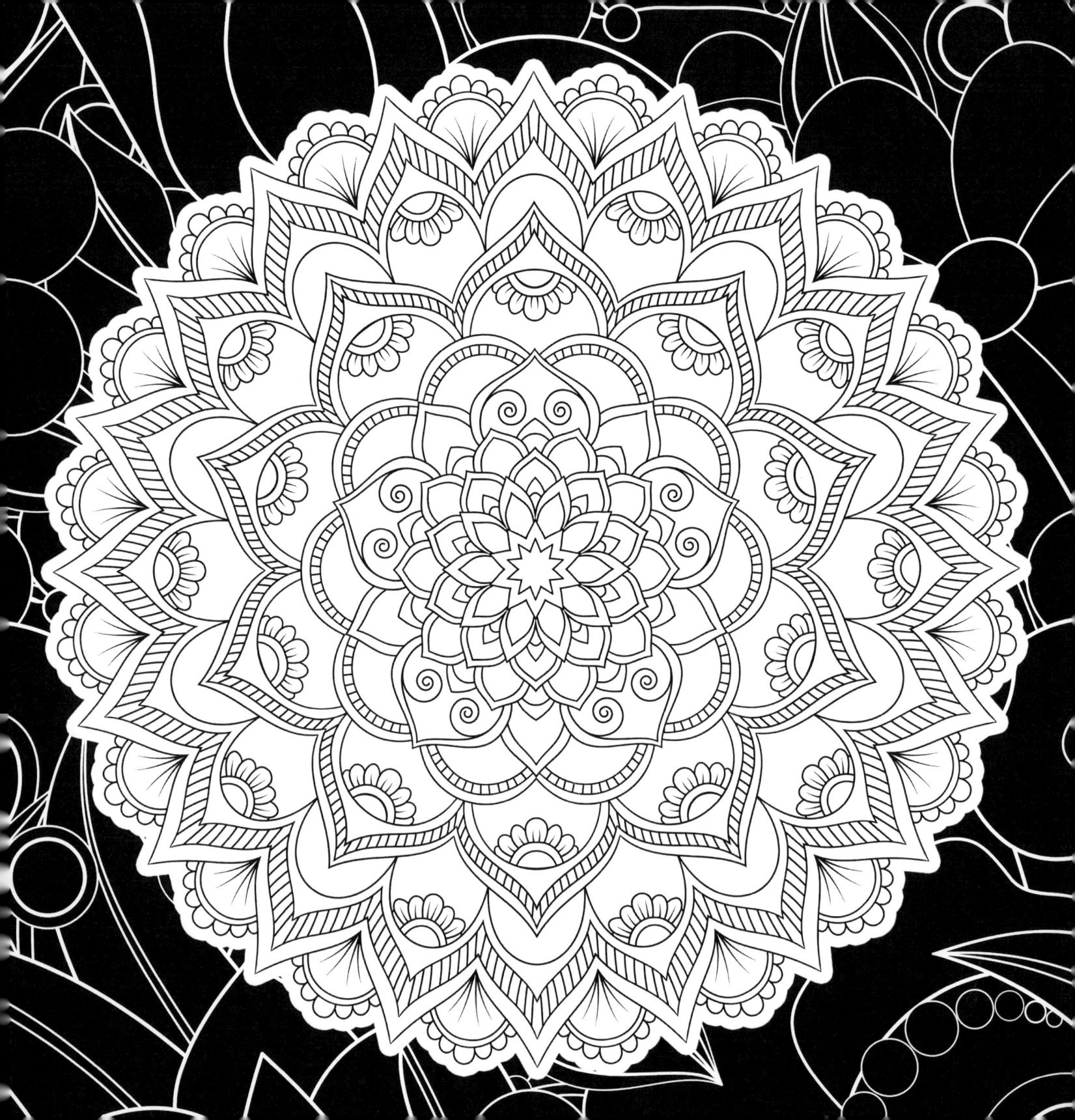

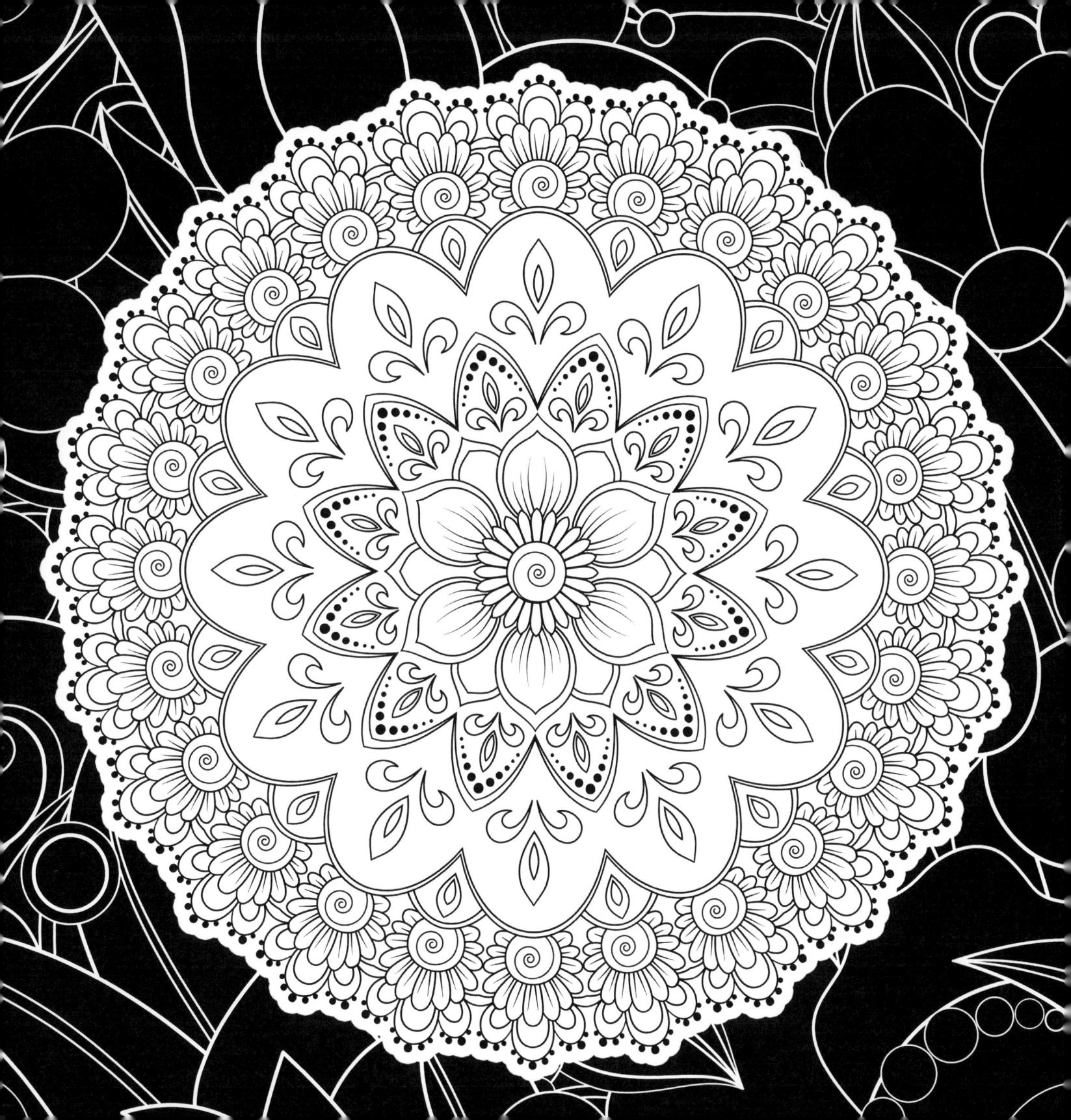

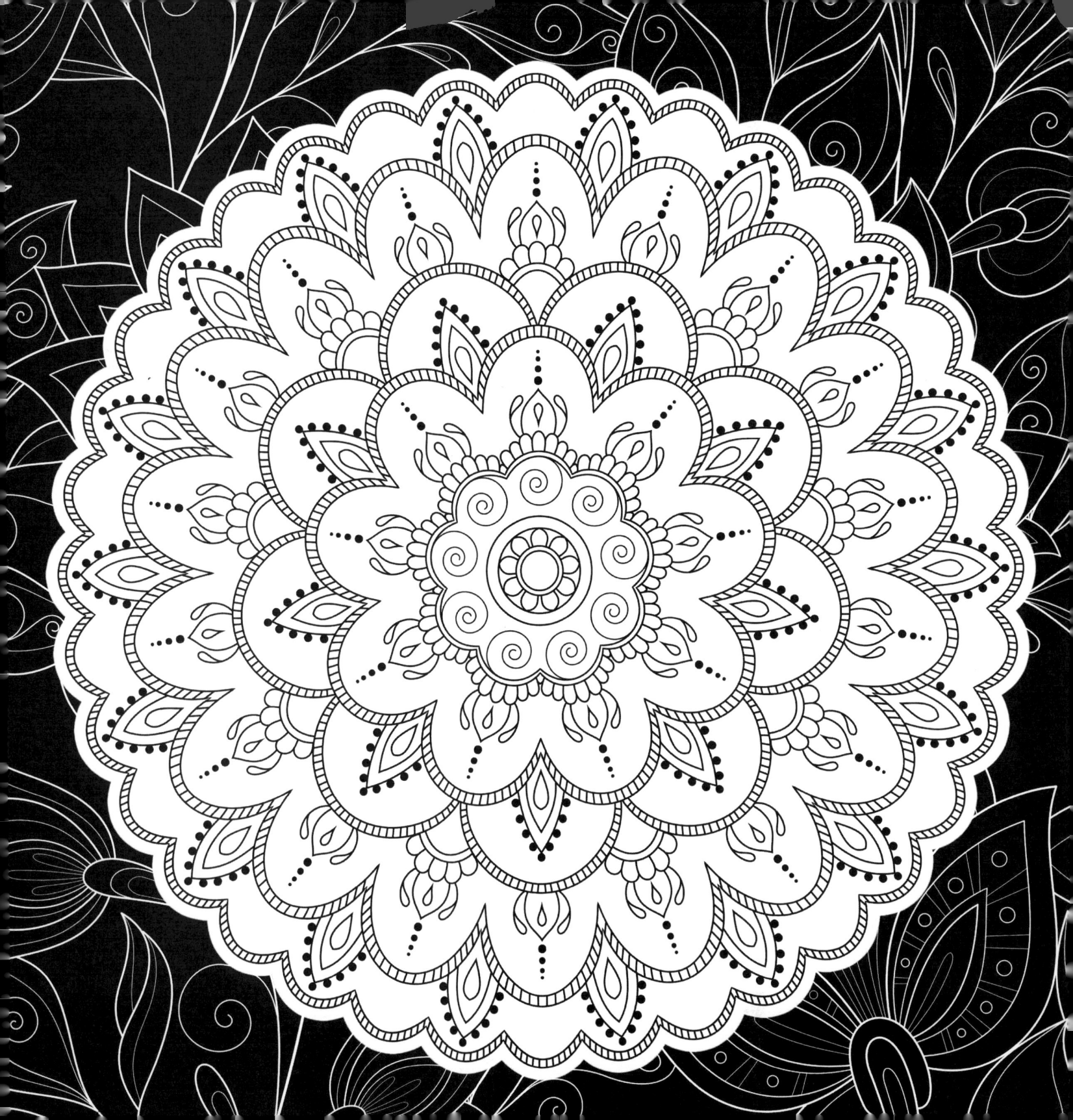

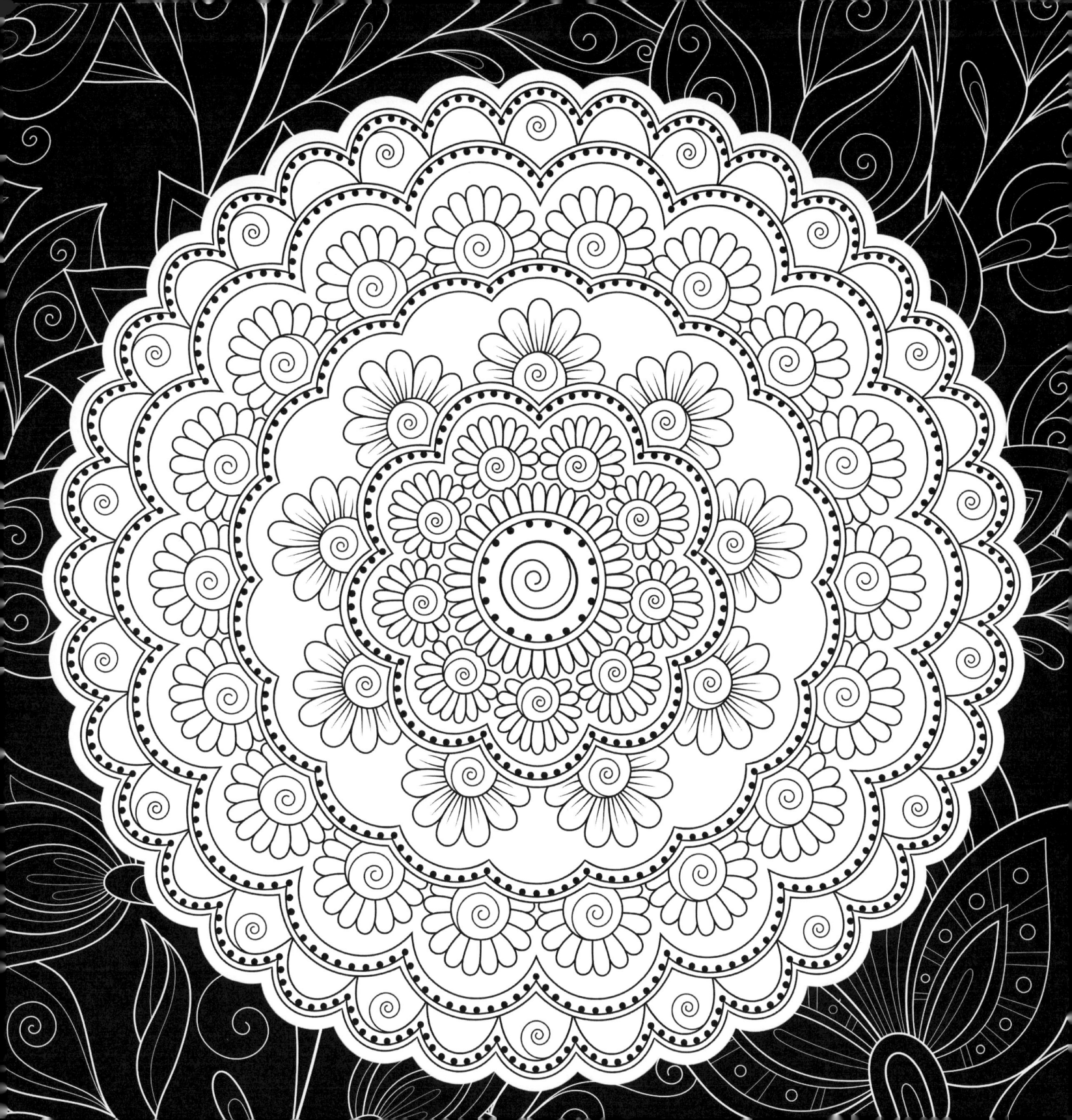

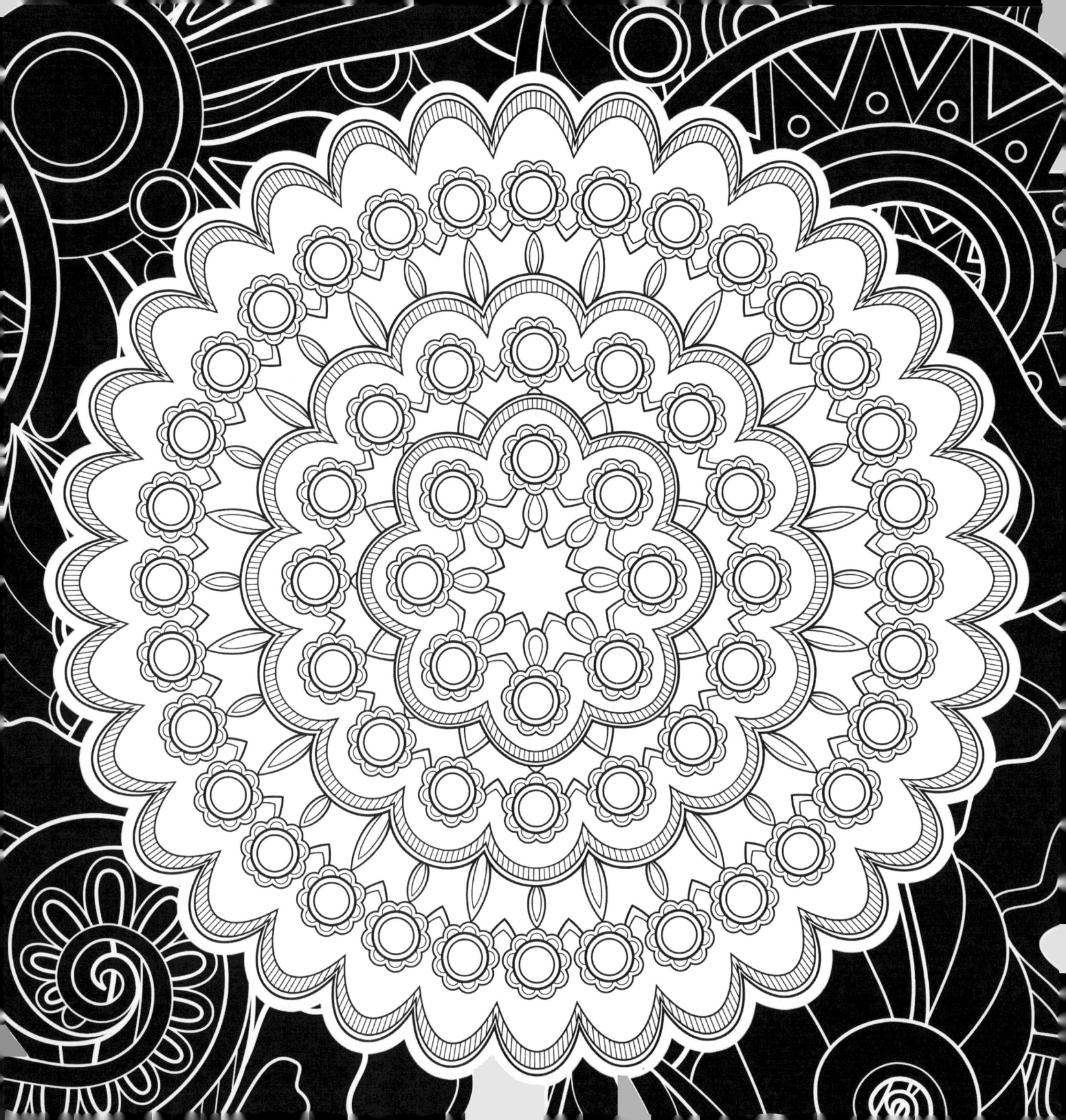

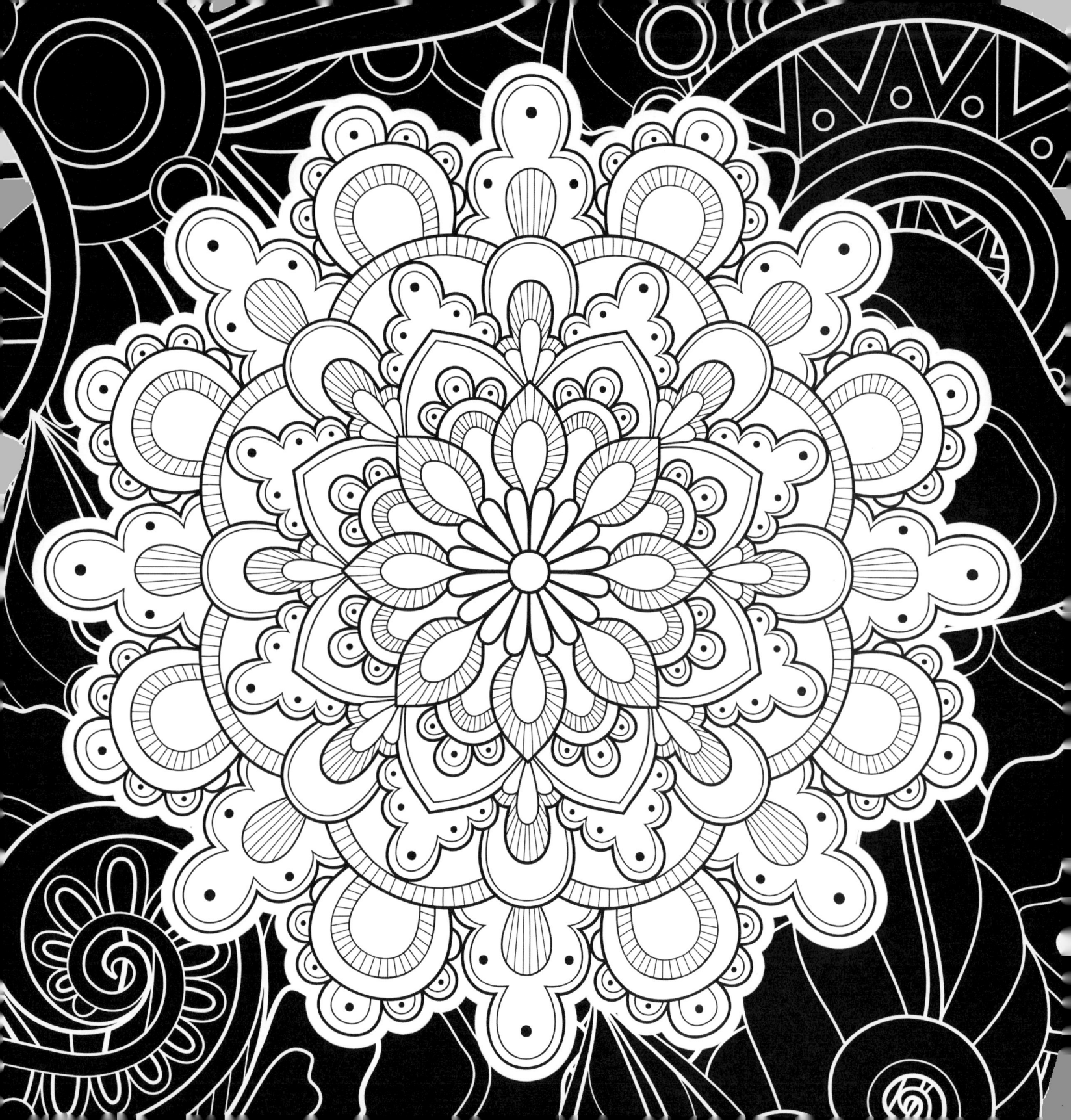

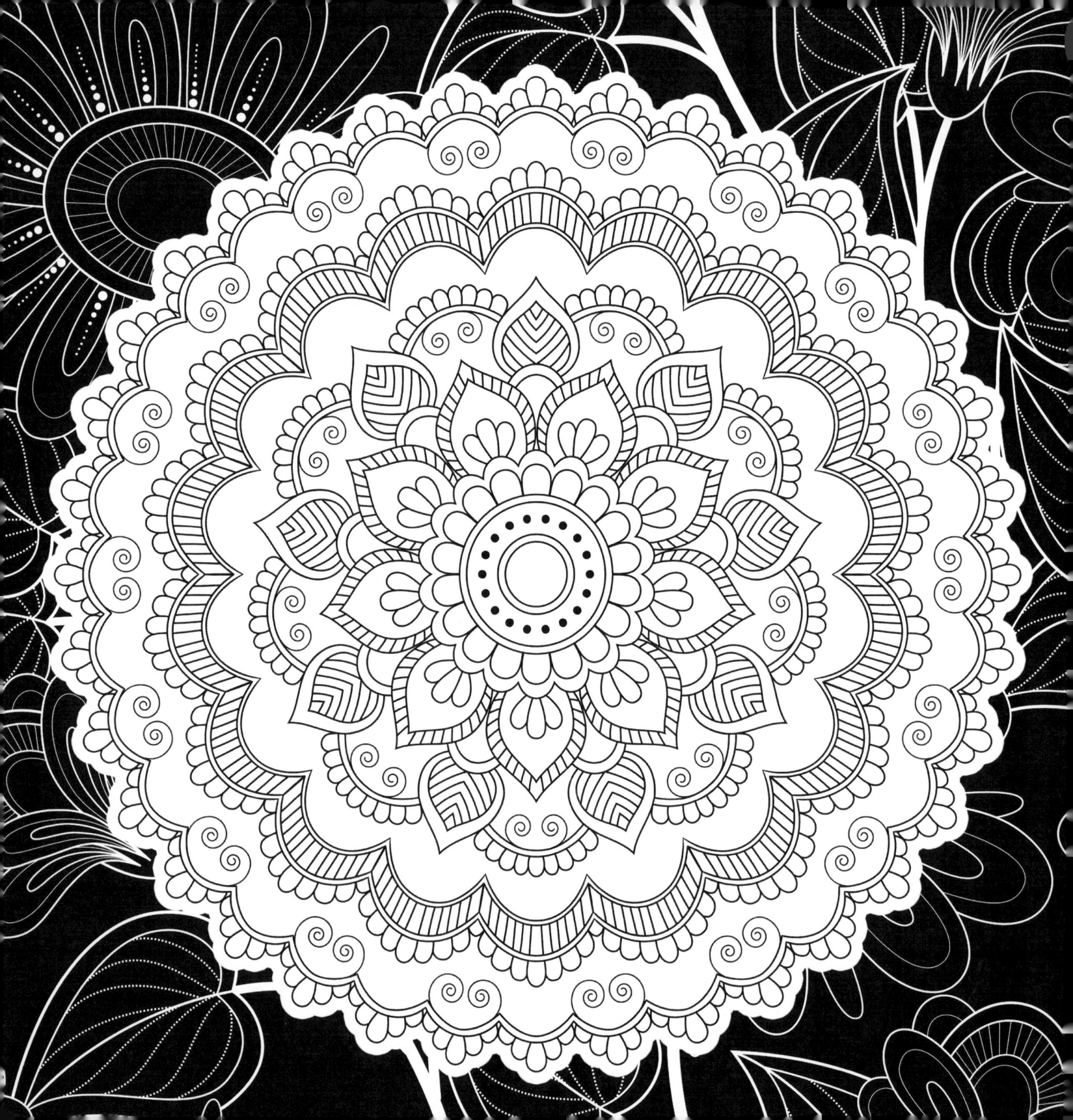

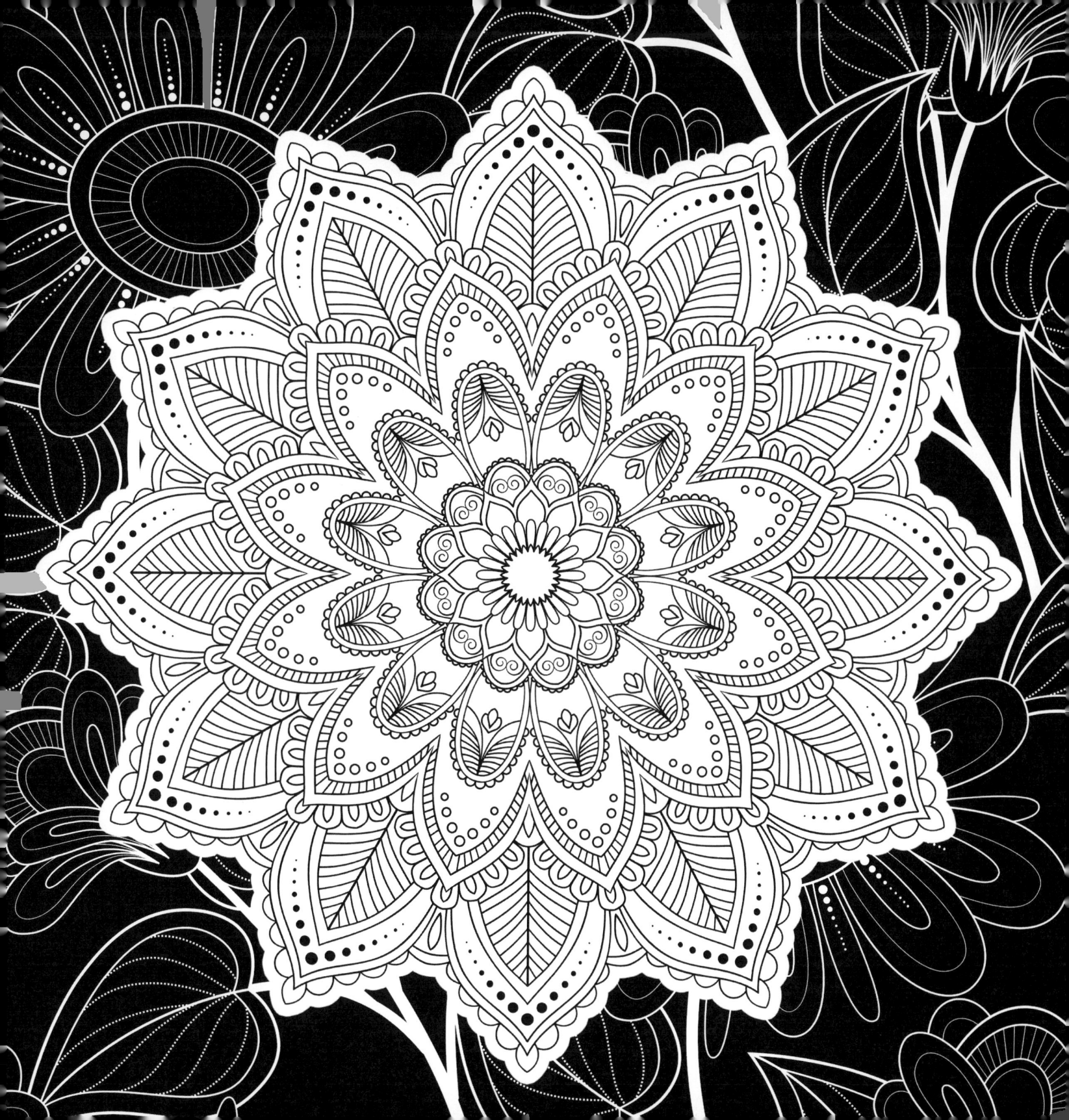

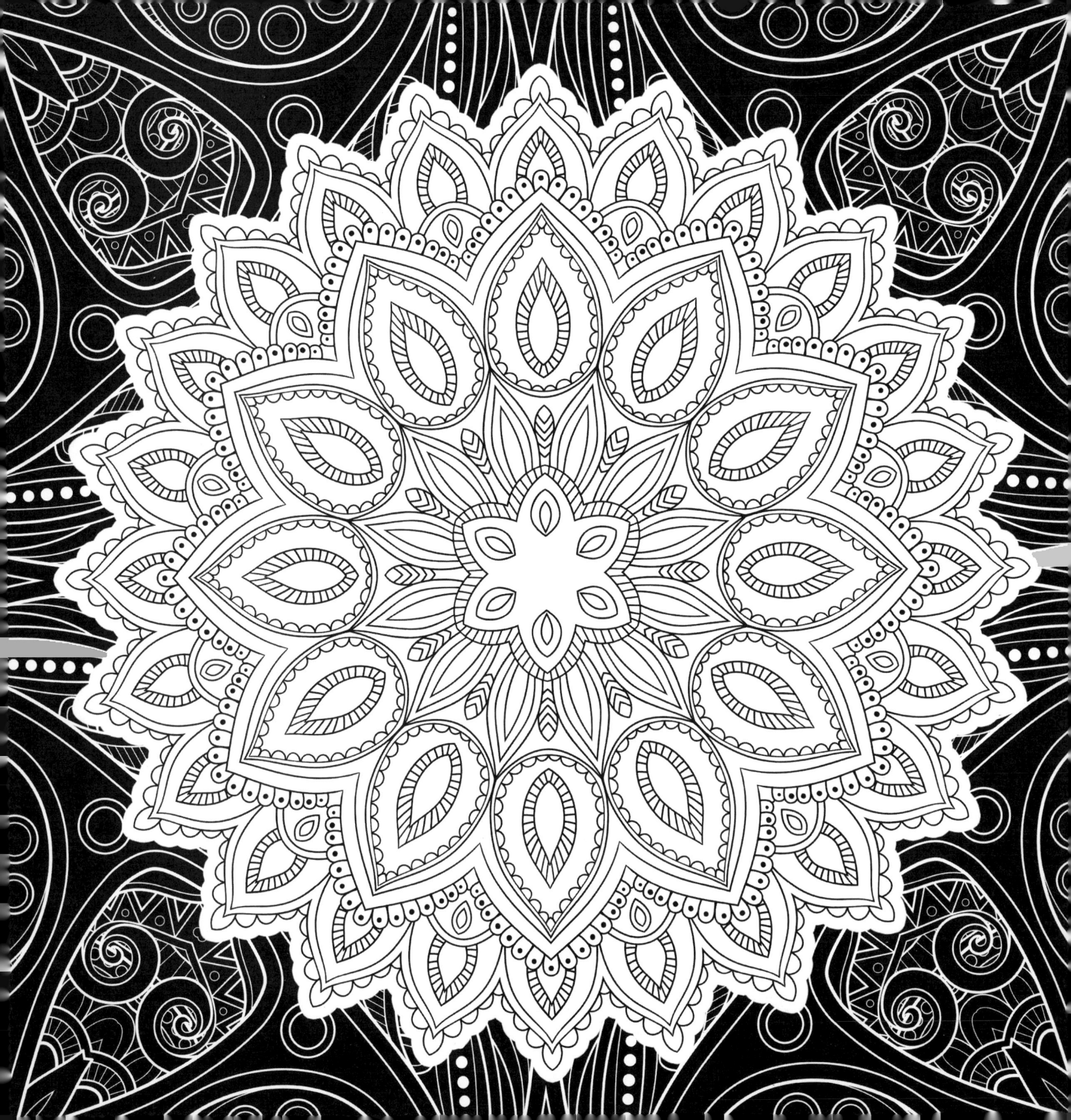